おしゃれの想像力

It's my creation

辻直子

まず、思っていること

洋服を買う時、何を選べばいいか？　どう組み合わせればいいか？

買い物に失敗したくないし、できれば着回しのきく便利なアイテムが欲しい。

こういう声、とっても多いんです。雑誌やテレビ、インターネットなど、様々な情報が溢れている今。あまりにも選択肢が多すぎて、目移りもするし、どこから選べばいいか、何を見ればいいか、迷って立ち止まってしまうんだと思います。

生活するうえで、服に無制限にお金を投入できるわけじゃありません。これを持っていたら使えるとか、これを着ればこう見えるとか。実用的で、なおかつ着回ししやすいものを求めてしまう気持ちはわかります。

でも、本当はそんな計算のようには当てはまらないと思うんです。それは、顔立ち、肌の色、ヘアースタイル、体型まですべて自分と同じ人なんていないから。

おしゃれにおいて、みんなに当てはまるルールなんてないんです。

おしゃれの幅を広げ、楽しいものにする一番の近道は、雑誌の情報だけではなく、まずは頭の中の発想力を育てること。感じて、想像して、妄想していくことで、自分だけのスタイルを作っていける。私もそうやってスタイリストとしての幅を広げていきました。雑誌やテレビはもちろん、自分のまわりの人やものなども含めて「素敵」と感じる材料をインプットしてストックしておく。そこから想像力を広げる。それが、あなたのファッションを「いつも」にとどめず、「自分らしさ」へと仕上げていってくれます。

「想像力を広げる」というと、そんなの難しい！　とか、自分にはできない！　と尻込みしてしまう人も多いかもしれませんが、そんなことはないんです。この服を自分が着たらどうなるかなとか、こんな色を私が着たらどんなふうに見えるんだろうとか、あの人のこんな感じの着こなしを真似できたらなとか、こんなヘアースタイルにしたらこういうテイストになるかなとか……。そういうちょっとしたことが、自分のスタイルに変化をもたらしたり、幅を広げたりしてくれます。「この服はいつもの自分のスタイルじゃないから」とか「あまりこういう服を着ないから」とか、前段階でシャットアウトしないで、一回自分のフィルターに通してみる。〝着ず嫌い〟から一度離れることが大事なんです。

そのために大切なのは、素直な目で自分を見ること、自分の好きを感じること、そして、失敗を恐れないこと。

洋服って、いろいろな見せ方ができると思うんです。シャツとジーンズのコーディネートでも、シャツのボタンを胸元までとめるのかいくつか開けるのか、袖はどこまでまくるのかおろすのか、シャツをジーンズにインするのかアウトするのか、ジーンズはスキニーにするのかワイドにするのか、テイストをフェミニンにするのかクールにするのか――アイテムをすべて替えるのではなく、手を加えたり、チョイスしたりするだけで様々なスタイルに変化していく。おしゃれって純粋に楽しくて自由なものなんです。

私自身として、スタイリストとして、ファッションを考える時に思っていること、実践していることを皆さんに伝えられたらいいなと思って、この本を作りました。

おしゃれのルールは自分を知ること。

この本があなたの発想力とワードローブを豊かにする手助けになることを祈って。

辻 直子

CONTENTS

Chapter 1

It's my creation —— おしゃれの発想力と想像力

Chapter 2

Things ── 大切にしたいこと、大切にしたいもの

Chapter 1

It's my creation

おしゃれの発想力と想像力

すべてに秘める「女らしさ」

どんなコーディネートを作る時も共通して、私の中に大前提としてあるのが、〝女らしさ〟というエッセンス。それは自分が作るスタイルの中には、絶対的にあってほしいものです。一般的に〝女らしい〟と言うと、フェミニンやセクシー、クラシックというスタイルは簡単に思い浮かんでも、ベーシックやカジュアルな着こなしになると、〝女らしさ〟という言葉にリンクしない人も多いかもしれません。でも、どんなにメンズライクやカジュアルなスタイルの中であっても、ひとさじの〝女らしさ〟は加えていたい。すべてのスタイルに入っていてほしいと思う揺るぎないものが、〝女らしさ〟なんです。

ひとつのスタイルは、単にアイテム選びだけでなく、いろいろな要素が積み重なってできあがっていきます。それは洋服の質感や色づかいから、髪型やメイクまで。ちょっとした着崩し方ひとつでもスタイルは変わってくる。そのたくさんの要素のうち、どれかひとつ取り入れるだけでも、女らしさは感じさせられるもの。例えばカジュアルなクロップドパンツをはいた時でも、足首が見えることだけで、女らしさは出せるんです。だから、〝女らしさ〟はすべてのスタイルに共通して存在するもので、その時その時で、何にポイントをおくかで、表現方法は何通りもある。

中でも私が特に大事にしているポイントは、次の3つのキーワードです。

女らしさが宿る、最小にして一番のアイテムが〝靴〟

私はハイヒールパンプスがとても好きです。それは、あんなにも女性を女性らしく見せてくれる、ある意味簡単で直球なものは他にないと思うから。ヒールが持ち合わせているフォルムは、すごく女性限定のものであるし、歩いている時も、どんなテイストのスタイルを着ていても、ヒールパンプスという存在は、それだけで女らしさが投入されている。

そしてヒールを履いていると、姿勢や意識も変わりませんか？　歩き方、立ち居振る舞い、脚の組み方だって変わる。そういうことまで影響が及ぶって、とても素敵なことだと私は思うんです。単なるファッションアイテムのひとつではなくて、自分のイメージや態度まで変えてしまう可能性が靴には秘められているから、私にとって靴を選ぶのはとっても大事なこと。

そして選ぶ素材感やヒールの形によっても、より一層具体的に女らしさを表現できます。

例えば同じブラウンのパンプスだとしても、スエードだったら少しレトロな感じがするし、表革やエナメルならシックでコンサバティブな感じがする。ピンヒールにはクラシック感があり、太いヒールだと可愛くもレトロにも見える。ラウンドトゥは甘くなり、アーモンドトゥはもっとニュートラルに変わり、ポインテッドトゥはぐっと女っぽくグラマーな感じになります。そんなふうに靴でテイストを作り替えられるし、また、靴は洋服で作ったテイストを支えるものとも言える。靴には一足一足にキャラクターがあるんです。

だから、私は私服でも仕事でも、コーディネートをするうえで、洋服を決めて最後に靴を投入する時、目指す女性像がそこで明確に決まります。逆に、一番初めに靴を決め、そこからスタートしてコーディネートを作ることもよくあります。「あ、今日あの靴履きたいな」というところから発想できるのは、靴にキャラクターがあると感じるから。それは、目指す女性像から洋服を組み立てていくことと同じ。まったく難しいことではないんです。

また、靴を買う時に私が一番気をつけるのは、どのくらい自分の体のバランスに合うか？という目線を持つこと。それはサイズ感というベクトルではなくて、あくまでも体全体のバランス。靴って、自分自身で履いている姿が見えないけれど、自分が思っている以上に人の目がいく場所で、３６０度見られています。だから私は靴を買う時に、友達や一緒にいる人、一人の時はお店の方に、前から後ろから、横からも見てもらって客観的な意見をもらいます。

例えば、私自身、今まであまりプラットホームのウェッジソールを買わなかったのですが、それは私の髪の長さや体のバランスに対して、靴が歩いているような、ちょっと重い印象になってしまうから。でも最近では、色のトーンによって自分のバランスに合うものを見つけられるようになりました。ヌーディな肌に近い色の靴なら脚になじんで重く見えないな、とか。必ず自分に似合う取り入れ方があるもの。

靴は、部分としては全身の中で小さいものだけど、それひとつでキャラクターが大きく分かれ、そして一番、着こなしの帳尻合わせのバランスがとれる場所。だから私は、靴というアイテムを、有効的に使わずにはいられないんです。

〝肌の見せ方〟ひとつ、それが女性を美しく見せる

肌を見せること、そのバランスや分量感は、ダイレクトに〝女らしい〟というイメージを左右するもの。肌を出すことで醸し出される女らしさがあるし、逆に肌を隠すことによって引き立つ女らしさもある。それはすべて、全体のバランスが肝だと思います。同じようなコーディネートを着ていても、例えばほんの数センチの丈の違いで脚の見え方が変わると、その服が似合うか似合わないかに倍以上の差が出てくることもある。時には胸元のボタンをいつもよりひとつ多く開けるだけでも、その着こなしが持つキャラクターが変わったり、女ら

しさのバランスがとれたりします。それは決して、露出を増やすからいいということだけではなくて、自分の体に合わせた肌の見せ方のバランスが大切なんです。

また、女性の体の中で一番細い３つの部分、首、手首、足首を見せることでも女らしさを引き立てられます。太ももを出すことには抵抗があっても、膝下という細い部分を出すことで脚全体がきれいに見える。逆に、マニッシュなタックパンツやセンタープレスパンツなど、重心がボトムスにくるような場合は、胸元が広めにあいたトップスを合わせたり。いつもより少し多めに、３つくらいボタンを開けて首からデコルテのラインを見せても、いやらしくならず女らしさを演出できる。肌の見せ方で大事なのは、肌をどのくらい見せるかではなく、あくまでも全身のバランスなんです。

〝シルエット〟は最終的に体の表情を作る

シルエットで感じさせる女らしさには、２つのアプローチがあると思います。体に沿うようなタイトなラインで、着る人の体の表情を見せるやり方と、Ａラインのように洋服そのもののシルエットが持つ女らしさを際立たせるやり方。その２つが一番簡単で効果的。

タイトなラインは、全身がタイトである必要はなくて一部分だけでもいいんです。例えば首が細い人は首だっていいし、膝下でも、腕でもいい。自分の細い部分のシルエットを出すということ。それは洋服のラインとして出しても、体の部分そのものを出すことでも表現できます。そしてAラインは、ブラウスやニット、ワンピースなど、しなやかでやわらかい素材で表現される、男性の服にはない、女性特有のシルエット。なので、それだけを加えることでダイレクトな女らしさにつながる。ある意味、最も確実でダイレクトな方法。

それから、少し逆説的ですが、シルエットを曖昧にすることで出せる女らしさというのもあると思います。ルーズで大きめのシルエットの服を着ることによって、体を華奢に見せ、それが女らしさにつながるという方法。体のラインをぼやかす、ごまかすという考え方ではなく、洋服の中で体を泳がせる。あくまでもポジティブな視覚的な印象として、体を〝華奢に〟見せるということ。ぴたっとした服を着た時には出せないような〝ゆるさ〟が、女っぽいニュアンスに変換されると思うんです。

4

この映画を初めて見た時、
女性像も洋服も、
なんて可愛らしいんだろうって。
アイメイクが印象的でした。

『おしゃれ泥棒
スタジオ・クラシック・シリーズ』
DVD発売中　税込￥1,890
20世紀フォックス　ホームエンターテイメント
ジャパン

1

エヴァ・グリーンの
魅力的な瞳の色に吸い込まれそう。
カラーストーンには同じような
印象を受けます。

5

キャリー・マリガンの着る黒。
フェミニンな人が着る黒って
ギャップが見えるので好き。

『ウォール・ストリート
フォックス・スーパープライス・
ブルーレイ　WAVE16』
Blu-ray発売中　税込￥2,500
20世紀フォックス　ホームエンター
テイメント ジャパン

2

キャロリン・ベセット＝
ケネディ。こんな女らしさに
惹かれます。
品よく、攻撃的ではない
のに強い存在感があります。

3

今にもつながる、
「ハンサムなスタイル」。
ハンサムな分だけ
女らしさが引き立つ。

『アニー・ホール
フォックス・プレミアム・ブルーレイ
第10弾』
Blu-ray発売中　税込￥4,935
20世紀フォックス　ホームエンター
テイメント ジャパン

7

ウォン・カーウァイの映像は
謎めいた余韻を感じます。
映る色合いがとてもムーディ。

©EL DESEO, D.A, S. L. U. M-50529-2005

6

ブルネットのヘアーに
しっかりした眉。
そんな女性が赤を着ていると
フェミニンなようで、
ぐっと色気を感じる。

『TCE Blu-ray SELECTION
ボルベール〈帰郷〉Blu-ray』
Blu-ray発売中　発売元：ギャガ
販売元：TCエンタテインメント

ヘレナ・クリステンセンは
ずっと変わらない大好きな
女性像。
揺れるものに人は目を
惹かれます。

©Getty Images

8

ローズ・バーン。
自分が感覚的に
惹かれる女性像を
大切にしています。

9

10

香水もいいけど、
ボディクリームの
ほのかな香りは
やわらかさを感じます。
香りは記憶に残るから
好きなんです。

Ladies

「抜け感」がすべてを決める

私はコーディネートを説明する時に、よく〝抜け感〟という言葉を使います。それは、「＝カジュアルダウンする」「＝肌を見せる」ということだけではありません。どんなスタイルでも、いい意味で着崩したり、その服のテイストを自分に似合うように調整するためのあらゆる手段がすべて、私にとっては〝抜け感〟という言葉に通じる。よく皆さんから、「ジャケットのようなかっちりとした服だから抜けが作れない」とか、「ゆるさがあるから抜けている」というふうに解釈されてしまうこともあるのですが、それだけではないんです。例えば、違うテイストのものを組み合わせたり、遊びを加えたり。コーディネートの最終的な着地点を、そのまま普通に落ちるところに落とさずに、ほんの少しだけずらしてみる。そうすることで、より一層、その着こなしやテイストが自分にフィットしてくるし、自分らしさが出てくる。どんなスタイルでも抜け感は常に作れるものでその時々でいろいろなアプローチの方法があるんです。ここでは簡単に〝抜け感〟を作る４つの方法を紹介します。

同じアイテムでも着方ひとつで抜けができる

例えばシャツの袖をまくるとか、ボタンをひとつとめるのか開けるのか、トップスをアウトにしてみる、パンツの裾をロールアップしてみる、ちょっと腰を落としてはいてみる……など。それらは、着こなしを〝自分〟にするために欠かせないちょっとしたひと手間。洋服のアイテムが持つ印象やテイストに自分を当てはめるのではなくて、自分に当てはめさせる。そうすることで、より一層自分に似合う、フィットする着こなしになってくるんです。例えば、華奢なシルクのブラウス。このきれいで正統な印象に抜け感を出すなら、袖を細めの幅で肘までまくって、胸元のボタンを２つはずしてみる。〝きれい〟に〝ラフさ〟を加えるだけで印象がガラッと変わって見える。

ひとつの同じアイテムを着るにしても、その作業が、〝抜け感〟を作る。こなれさせる、シャレさせる、という言葉にも言い換えられるかもしれません。

合わせることで生まれる〝ハズし〟方

ベーシックなアイテムである白シャツ。例えばそこにどんなスカートを合わせるか？　で、〝抜け〟が完成することもあります。黒のタイトスカートではなくて、スエードのスカートを合わせたとします。そうしたらもうそれだけで、私にとっては〝抜け感〟のカウントに入る。白いコットンのシャツに、スエードのスカートというミスマッチな素材感の組み合わせ。コットンとコットンではなくて、超異素材同士を〝組み合わせる〟ということで、抜け感が生まれるんです。難しいことではなく、それはほんの小さな変化球。

遊びを加える

　黒いドレスをドレスアップする時、パールのネックレスやピアスを合わせたりして、盛っていくことを考えると思います。その時「盛っていくことや足すことは抜け感ではない」ということではなくて、別の部分で抜け感が作れるんです。例えばＰ26のコーディネート。胸元にパールをつけていて、普通だったら手元にはドレスウォッチをつけてもいいところに、白いカフスを合わせています。一見違うトーンのものを投入して、テイストを少しずらしてみる。それが〝遊びを加える〟ことになる。それがもちろんパールであってもいいし、リボンを結んだっていい。どんなキャラクターにしたいかな？　と考えた時に、20年代の女性像のエッセンスを加えたかったので、カフスをプラスしてみたんです。

　それから、黒レースの長め丈のドレスに短いアンダーを合わせてレースから脚が多く透けるようにしました。普通に考えたらドレス丈と大差のないアンダーを選ぶと思うんです。でも短い丈のものを合わせて、あえて肌を大胆に見せている。それは私にとって〝遊び〟の部分です。

ある意味、完璧に整ったものって美しいけれど、隙がないと疲れてしまう。でも〝遊び〟を作ることがテイストをゆるめることにつながって、一層コーディネートが自分に似合うものになって、よりパーソナルなバランスになるんです。

真逆なものを投入して二面性を持たせる

例えばカジュアルなものにエレガントなものを投入する。それはテイストや色、素材でも応用できます。例えばＴシャツとジーンズという王道のカジュアルでラフになりすぎてしまったら、少し自分らしく整えるために、クラッチバッグを持つとか、鮮やかな色の大判なシルクのスカーフを首からたらすとか。それだけでバランスがとれるというか、いい意味でバランスが崩せる。何かのテイストや方向性に〝行きすぎ〟てしまった時、そこに違うテイストを付け足すことで、引き戻すというか、行きすぎを整える。ただそこで無理に自分のテイストでないものを入れる必要はなくて。洋服はあくまでも自分らしくいるためのもの。もともと自分が持っている〝良さ〟を壊すような足し算はしなくていい。いつも軸となっているテイストと少しだけ違うテイストを持ってくるだけでいいんです。

「好き」を知るための連想ゲーム

これは、私がコーディネートを考える時のクセみたいなものですが。例えばジャストウエストのフレアスカートがあって、これをどういうふうにコーディネートしようかなって思った時に、このスカートの形や色から「じゃあこんなトップスが合う」というルール的なことだけではなくて、「このスカートをはいて、私はどんな人になりたいんだろう？」という女性像をまず考えます。イメージしてみるんです。そしてそこから発想をどんどん広げていく。ちょっぴり儚い感じで優しいフェミニンなスタイルの女性にしたいとなったら、自分の中の引き出しからそのイメージにはまる女性像が出てきて、そこからどんどん想像していく。透け感のあるブラウスを合わせるとそうなるかなとか。逆にもっと強い女性にしたいと思ったら、ピタッとした黒のタートルニットを着て、全身黒でピンヒールを履かせるとか……。

例えば、少しルーズなローゲージニット。懐かしい90年代のジュリア・ロバーツのようなカジュアルな雰囲気にするならば、真っ赤な口紅にボーイフレンドデニムをロールアップして合わせたり。『魅せられて』のリブ・タイラーのような少しイノセントでフェミニンな女性にしたいなら、小花柄のシフォンのワンピースに重ねてみたり。

まさに連想ゲームみたいな感じ。あくまでもルールじゃない。どんな人をイメージするか、自分が感じる像でいいんです。

その時に自分の中から引っ張ってくるイメージは、これまでに見た映画の中で生きていた女性達であったり、雑誌や写真集から印象に残った一人のキャラクターであったり。中でも映画はまさしく、動く見本。昔の映画だけでなく現代に作られた古い時代背景の映画も、イメージソースを作るのにとっても参考になります。そうやって、私の中に、見たものやイメージがずっとしまってあるんです。それをそのまま、当時の時代感のまま出そうとすると、今の時代にそぐわなかったり、どこかやりすぎた感じがしたりするので、あくまでも〝エッセンス〟として引っ張ってくる。この人だったら、こんな色をチョイスするかなとか、洋服だけでなくヘアースタイルや、眉毛の太さやリップの色みなど、どんな時代のどんな女性像を描くかによってテンションが変わってきて、それを〝エッセンス〟や〝気分〟として今の自分の着こなしにアウトプットしていく。

例えば、『(５００)日のサマー』のズーイー・デシャネル。彼女が、レトロなプリント、カットレース、淡い色合いの洋服達をガーリーに着こなしていて、これをただ着ているだけじゃ古くさく感じてしまう。でも、彼女が演じる小悪魔的な女の子とのバランスがぴったりと合っていたんです。人物像にどんな洋服が組み合わさるかによって、見え方が変わってくる。そのおもしろさに気づいてからは、作りたい人物像と洋服の組み合わせの幅が広がりました。そして、『Ｌ．Ａ．コンフィデンシャル』のキム・ベイシンガー。50年代の波打つようなウエーブに真っ赤な口紅。彼女が白や黒のドレスを着ていたのですが、それがエレガントで謎めいた印象を深めていて。白と黒を強く出し、他の色をおさえることで、余計な印象をつけない効果があるのかもって。例えば、クラシックでガーリーな印象を強く出したい場合、黒いＡラインのコートに黒いレースのワンピース、そして黒いエナメルのショートブーツに黒いクラッチバッグ。こんなふうにひとつの印象を押し出したい時に白や黒を多く重ねて使っています。あとは、『００７ カジノ・ロワイヤル』のエヴァ・グリーンが劇中、次々と洋服が変わっていく中で通してつけていたシルバーとゴールドのコンビの大ぶりなネックレス。「シルバー」というと、どこかカジュアルな印象が浮かぶけれど、かなりドレスアップしたスタイルにもしっくりきているのを見て「シルバー」の広がりを感じました。そして、ひとつのものをずっとつけることがリアルさを生んで、その人自身のキャラクターが作れるんだなと。コーディネートするうえでキャラクター作りのひとつの方法として使ったりしています。

自分の好きな女性像を見つけて、なんでその人が好きなんだろう？　という理由をクローズアップしていくと、自然と、自分の〝好き〟を知ることにつながります。当たり前のように聞こえるかもしれないけれど、それは引き出しを作るのに大いに効果的なアプローチ。ヘアースタイル？　色合い？　素材感？　すべてを真似する必要はなく、自分の好きな要素をピックアップすればいいんです。そこに自分のスタイルを作る〝ヒント〟があるはずだから。

ひとつのアイテムを見た時に、自分の中に浮かぶものや人、それを自分の感覚で膨らませていく。それは決して、何かのルールに基づいた広げ方ではないからこそ、様々なインプットがあればあるほど、コーディネートのバリエーションが広がるんです。

そんな考え方で、私のコーディネートはいつも作られていきます。

理想と憧れがおしゃれの幅を広げる

さかのぼれば中学生くらいの頃、私が一番憧れていたのは「クラシック」なスタイル。この仕事を始める前から、そしてスタイリストになってからも、仕事に関係なく自分の一番取り入れたい、着たい、なりたい女性像として、クラシックなスタイルを追っているような気がします。自分が想像する理想の女性像に、一番フィットするのかもしれません。「クラシック」とひと言で言っても、いろいろな時代やスタイルがあり、当時のものをそのまますべて真似をすると今の時代においてはトゥーマッチな世界になってしまうことも。でも、そのテイストをどのくらいのさじ加減で、どのくらいの分量を取り入れるか？　ということで見え方が変わり、クラシックを〝今〟に着ることができる。

私は特に70年代が一番好きで、当時の映画や写真の中にいる女性達の、洋服のテイストだけでなくヘアースタイルやメイクの感じは、最も自分にヒットするクラシック感。

その中でも70年代のアイコン的存在であるジャッキーこと、ジャクリーン・ケネディ。べースはどこかトラッドが入りつつ、それでいてエレガントで、コンサバなニュアンスがある。彼女のそんなスタイルがすごく好き。今でも私が基本的にコンサバでトラッドな匂いのするものが大好きなのは、その影響かもしれません。もちろん新しいものにも影響されますが、私にとっての、ある意味、ファッションの原点ともいえるのは70年代のジャッキースタイルでした。

例えば、私がジャッキーを好きなのは、彼女は可愛いだけでなく、品がよくてかっこいいから。そしてすごくミニマムでコンサバティブなアイテムを、彼女のトレードマークである小物やヘアースタイルでスマートに、そしてクールに着こなしています。ともすると地味に陥りがちなベージュのタートルニットに対して、スカーフを巻いたりベルトをして、かっちりバッグに大ぶりなサングラス。それで颯爽と歩く姿は本当に素敵。彼女は、キャメルやベージュなどのコンサバティブな印象のあるものを、かっこよく着こなすセンスが抜群です。パールの使い方も、彼女ならでは。首に沿う一連の、いわゆるベーシックなパールのネックレスにこだわっていました。ドレスアップをしているオフィシャルな場面だけでなく、家族と過ごす休日の普段のスタイルの時までつけていて、パールを自分の一部にしていた。彼女の小物使いやコンサバなものをクールに着こなす方法は、私のスタイリングにも影響を与えてくれました。

他にもヒントをもらえた女性達はたくさんいます。

妖精のようなしなやかな体に愛くるしい顔が印象的なオードリー・ヘプバーン。体に沿う黒いニットに細身の黒いサブリナパンツのスタイルは、「黒の着こなし」の幅を広げてくれました。なんてことのないオールブラックのシンプルなコーディネートなのに、上品に見える。スタイルのよさはもちろん、彼女の印象的な太い眉毛と前髪が「オードリー・ヘプバーン」に仕上げていたのかなと思います。

ブリジット・バルドーは、セクシーな体に対してチェックや水玉などを合わせるアンバランスさがとびきり可愛い。彼女には、ただキュートというより自由を感じ、遊びのある着こなしのヒントがあります。毛皮というゴージャスなものに、ホットパンツだったり、ロングブーツだったり、テイストの違うものを合わせる。一歩間違えると老けて見えたり、トゥーマッチに派手になりがちな毛皮の着こなしが、彼女のスタイルからは新鮮に映りました。そして彼女のヘアースタイルもはずせないポイント。無造作におろしたブロンドヘアーが彼女の着る洋服に抜け感を与えているんだなと。

そしてカトリーヌ・ドヌーヴもはずせない一人。彼女の最高に美しい顔立ちから醸し出されるゴージャスさと気高さはフランス人特有なのかも。年齢を増すごとに「老いる」のではなく、「ムードが色濃く出てくる」。外見の美しさということだけでは完成しない美しさがそこにあるんです。彼女のムードをイメージした時に浮かぶのは、深みのあるパープルやボルドーなどの色や、繊細な黒のレースのブラウス、エレガントでドラマチックなコート……。こんなふうに一人の女性から感じた印象を深めていっています。

私が憧れたクラシックな時代を生きた女性達は、決してすべてが特別なアイテムやコーディネートをしているわけではなく、〝ちょっとしたこと〟のアイデアの宝庫。小物の使い方、色の合わせ方、そして時にリップの色や眉毛の太さ、きれいに手間をかけたヘアースタイルまで……。物心がついた時期にインプットされたもの達が、今の私の原点となっています。

©Getty Images

1

ジャッキーにとって
パールは彼女のスタイルに
欠かせないアイテム。
この時代の色使いは
とても印象的なものばかり。

2

赤いレザーベルトの時計に
黒いタートルニット。
それだけでクラシックな
匂いが漂います。
時計：ブシュロン

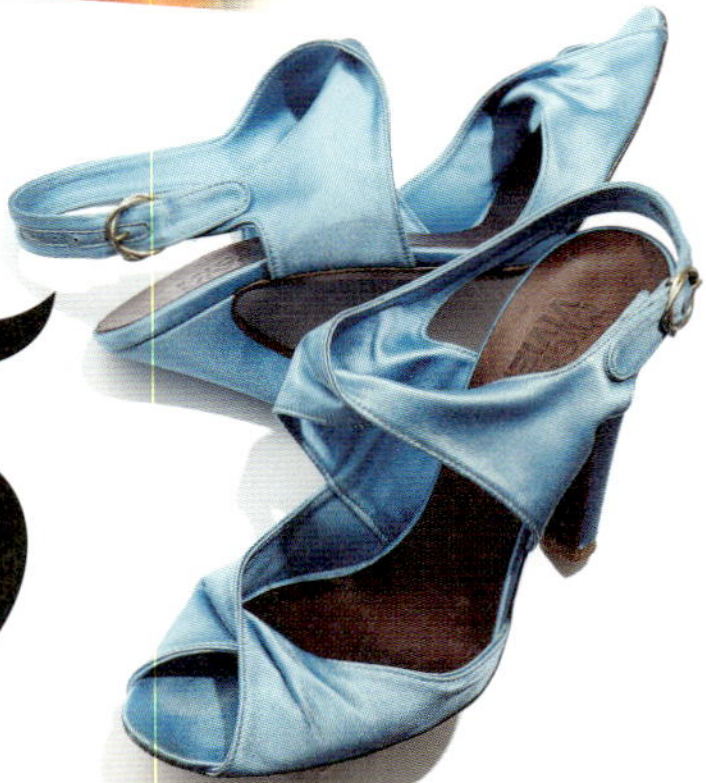

5

色のトーンでも
クラシックさは簡単に表せます。
自分が感じるトーンを大切に。
靴：ミッシェル ヴィヴィアン

©Cin-Tamaris photo by Agn s Varda ©Agn s Varda

6

この映画を初めて見た時、
色の世界に魅了されました。

『シェルブールの雨傘』
DVD＆Blu-ray発売中
税込￥4,935（共通）
発売・販売元：ハピネット

©Getty Images

7

BBの無造作だけど
ニュアンスある
ヘアースタイルに
憧れます。
フランス人らしい
「抜け」を感じるから。

8

肌から少し浮くようなピンクの口紅で
コケティッシュさを。
口紅：YSL

4

映画は好きな「女性像」を
見つける一番の
アイデアソース。

『L.A.コンフィデンシャル』
DVD＆Blu-ray発売中
DVD：税込￥3,990
Blu-ray：税込￥4,935
発売・販売元：㈱東北新社
※DVD発売情報は2012年9月現在のものです。

3

毛皮の持ち合わせる
ムードはとっても
エレガント。
とろみある素材の
白いブラウスに
合わせます。
毛皮：グリーン

『魅せられて』
20世紀フォックス
ホームエンターテイメント ジャパン

『(500) 日のサマー フォックス・スーパープライス・ブルーレイ』
Blu-ray発売中　税込￥2,500
20世紀フォックス
ホームエンターテイメント ジャパン

Images

10

ダブルフェイスの
一枚仕立てのコートは
エレガントな女性像が
浮かびます。
コート：ドゥロワー

9

車からも想像しちゃうんです。
こんな車にどんな女性が
乗っていたら？　って。

誰かに目を奪われてみる

ファッションにおいて、何か新しいものにトライするということは、おしゃれをもっと楽しむ気持ちにつながる大切なプロセス。冒険心を持ったり、ちょっと試してみようと思ったり。そういう気持ちが芽となる。そのきっかけはいろいろとあって、例えば雑誌や本、映画などで素敵な着こなしの女性を見ると、目を奪われるというか、憧れを持ってしまう。

それだけでなく、実は自分の身近にいる人から受けるインスピレーションも意外と多いもの。私は街を歩いていたり、食事に行ったりした時に「はっ」と目を奪われる瞬間が多々あります。「気になる」っていうアンテナにひっかかる、自分の中に飛び込んでくる人がいるんです。例えば、自分はあまり着ない着物を思いもよらない色合わせで着ている女性を見た時、その色合いだけでなく、佇まいや仕草にまで目がいってしまう。それは何も特別なことではなくて、多分いつも当たり前に探してしまっているのかもしれません。

もし、身近な人に対してそう思うことが少なければ、雑誌などだけではなく、まず自分のまわりに目を向けてみる。自分の感覚チャンネルを「素敵なもの、目を引く人はいないかな」って。

身近な人から受けるインスピレーションは一番リアルだし、影響が大きい。まずは興味を持つことが大事。その人が何を持っているんだろうとかそういうことよりも、思わず目を奪われてしまうくらいしっくりと似合う服を着ていることが印象に残り、素敵だなと思う。素敵と思ったものは、自分も着てみたいな、取り入れてみたいなという気持ちに変わります。私はそうやって好きになったものが実際にいくつもあって、苦手だと思っていたものの中から似合うものが見つかることもたくさんありました。

例えば、アクセサリーやジュエリーに今みたいに興味を持つようになったのは、スタイリストを始めたぐらいの時に出会ったプレスの方の影響でした。その方は会うたびに、ターコイズやクリスタル、コーラルオレンジなどの色鮮やかな大ぶりのコスチュームジュエリーをぴたっと自分のスタイルにして身につけていました。コスチュームジュエリーって、インパクトがある分、重ねてつけていくのは、合わせるバランスが難しく、高度なもの。でも、その方は日焼けした肌に、コスチュームジュエリーと、華奢なレースと少しオリエンタルな色に染まったシルクやコットンの洋服とがマッチしていて、本当に素敵に感じたんです。だから、その人に会うたびに、その人の「好き」を知りたくて、いろいろとお話をしました。その人の「好き」なものを知って、私も実際買って、身につけてみるようになってから、色と色の組み合わせや洋服とジュエリーのバランスを自分で作れるようになったんだと思います。

あとは、ジーンズ！　昔は苦手なアイテムだったんです。どれくらい苦手かというと、小さい頃からパンツをはくのが嫌いでパジャマも着たくなかったほど。10代までほとんどスカートしか着たことがなかったくらいでした。その私がアシスタントとして仕事をしていた時に巡り会えたのが「アールジーン」。それまでジーンズの印象は、カジュアルでどう着こなしていいかわからない未知なものだったんですが、そこにアールジーンが登場して、ジーンズの概念を覆してくれました。毎日私の前でモデル達がいろんなテイストで着こなす姿を見ることでイメージが膨らんだ。これなら着られるし、着たいって思わせてくれたんです。あまり難しく考えなくていい。シンプルに考えればいいんだって。

〝興味を持つ〟というのが人からもらう要素だとしたら、そこから先は、それをどうやって着て自分のものにするか。〝いいな〟と思った感覚を先入観や思い込みでナシにしてしまうのはすごくもったいないことだし、自ら自分の着こなしの幅を狭めてしまっているかもしれませんよね。素敵と感じたのなら、まずは頭の中に「素敵」というイメージを残しておく。それにつながるものが見つかった時は、迷わず試着して、いろんなものを試してみて、自分らしく着こなせる落としどころやバランスを探ってみる。

私が思うおしゃれの最大の魅力って、〝感情が動く〟ことなんです。ものを探して見つかった時のワクワク感、それが自分に似合った時の嬉しさ、それを着て誰かに会いたいという気持ち。おしゃれは「楽しい」ことであって、制限やルールとは本来ほど遠く、それに縛られるべきものではないはず。そしてヒントやきっかけは、案外、すぐ身近にいる人の中に隠れていたりもするもの。時にはちょっと意識して目を向けてみる。それが、ワードローブを広げ充実させるファーストステップになるかもしれません。

「可愛い」だけにとどめない女らしさ

女性に生まれたからには、誰もがどこかに女らしさを持っています。それは人によって捉え方や表現の違いはあれど、誰もが持っている絶対的なこと。私達日本人女性は、〝女らしい〟という幅の中でも、特に〝可愛い〟という表現が得意で、おしゃれにおいても可愛くなることを求めることが多い気がします。人を褒める時や、きれいなものはもちろん、クールなものに対しても、口に出すと〝可愛い〟という言葉をよく使ってしまう……。でも、女らしさにはもっといろいろな幅がある。

〝女らしい〟の表現の中でも意外と抵抗感を持たれやすいのが〝セクシー〟という言葉。体のラインを強調したり、肌の露出が多いことだけが「＝セクシー」と捉えている人が多かったり、時にはセクシーという言葉を聞くと、品がないというイメージを抱くことも少なくない。でも、セクシーには、他にはない効果があることにもっと目を向けてほしいんです。

例えば、透け感がある服や胸元が少し広くあいている服、体のラインがわかるような服を着る時は、いつも以上に自分の見え方や態度に気を配ると思うんです。Vネックのような胸元があいている服を着ている時は、胸元に手をあててかがんだり、ボディコンシャスな服を着ている時は、自然とおなかや体全体に緊張感を持たせたり。それは、自分自身に意識を向けるということ。姿勢にもより一層気をつけるから、背筋が伸びる。女性らしい仕草が必然的に生まれてくる。そのほどよい緊張感は、セクシーな要素がもたらしてくれる一番の大きなメリットだと思うんです。その結果、洋服そのものというよりも、その時の振る舞い、身のこなしから生まれるセクシーなニュアンスが、とても上品で優雅に見せてくれます。

セクシーな服って？　想像すると、ボディラインに沿うタイトな洋服などを思うかもしれませんが、それだけではなくて。逆に服の中で体が泳ぐようなルーズさが、想像力をかきたて、女らしいしなやかさを導く。はっきりとラインが出ない、曖昧なものの中にもセクシーは存在します。

また、肌の露出はしなくても、色でセクシーさを表現することもできる。例えば、ヌーディなベージュ。肌と一体化させて見せることで、肌は露出させずに品のよいセクシーさを演出できます。

「じゃあ、優雅で品のあるセクシーさを作る服は？」と聞きたくなるかもしれませんが、「これを着たらセクシー」「これだけ肌を露出したらセクシー」という答えはなくて。あくまでもその人の〝心持ち〟が大切。

例えば、白いシャツを着て、それをボーイッシュに着こなしたいのか、セクシーに着こなしたいのか？　アイテムではなく、その人のテンションで決まるんです。ボーイッシュにするならば、髪の毛をタイトなポニーテールにして、シャツの中にタンクトップを合わせ、ルーズなシルエットのジーンズをはいてみる。同じシャツをセクシーに着こなしたいなら、髪の毛はラフにおろして、胸元はいつもよりひとつ多くボタンを開けてみる。ただし、そうしたことでだらしなく見えてしまわないように、その分、ヒールを履いて背筋を伸ばし、きちんとネイルを整えてみる。

そういったバランスのとり方で、大人の女らしさが作られていくと思うんです。そうすることで、もっと新しい自分のスタイルが出てくる。だから、可愛いという表現だけにとどまっているのではもったいない。

10代、20代では「可愛い」という嗜好だけを追い求めるのはもちろんいいと思いますが、年齢を重ねていくとともに、フェミニンという大きな「女らしい」軸の中に、セクシーさという観点の引き出しも加える。そしてそれを抵抗を持たずに深めていくことで、もっともっと女らしさの表現方法は広がると思うんです。

もしセクシーという言葉に対する固定概念があったら、それを一度リセットしてみたらどうでしょう。抵抗があるならば、どこか一点だけをセクシーという方向にスライドしてみるのもあり。ポイント的に取り入れることで、自分の中の〝女らしさ〟の引き出しを増やすきっかけになると思います。

4

唇とモヘアのニットの赤に
目がいってしまう。
背中が大きくあいたモヘアニットは
とってもセクシー。

『パリ、テキサス
【デジタルニューマスター版】』
DVD発売中　税込￥3,990
発売・販売元：㈱東北新社

1

肌を直接見せるのだけではなく、
薄い生地で覆いつつ、
「肌を透けさせる」ということで
可憐さが生まれる。

5

ジョージア・メイ・ジャガーは、
コケティッシュさだけではなく、
その奥に何があるんだろう、
って知りたくなるような女性。

2

映画『テキーラ・サンライズ』の
海辺のシーン。
ミシェル・ファイファーの
シャツ姿は理想的。
私のベスト・オブ・ベスト。

Feminine

3

「香り」って
記憶に残りますよね。
そんな記憶に残るような
自分らしい香りを
見つけたいものです。

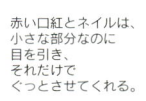

7

赤い口紅とネイルは、
小さな部分なのに
目を引き、
それだけで
ぐっとさせてくれる。

6

©Getty Images

ジェニファー・アニストンは、
セクシーだけでなく
「ヘルシー」もある人。

9

ヌーディカラー。
肌になじむ色には
透明感の中に
色気を感じます。

8

©Getty Images

ポインテッドトゥと
ピンヒールには
魅惑的な魅力が
詰まってる。

10

私がとても「色気、女」を
感じるのは、
ピーター・リンドバーグが
撮る女性達なんです。

色をつかうことを楽しむ

私にとって、仕事上のスタイリングでも私服のコーディネートでも、色を使うということは最も欠かせない要素のひとつです。色を組み合わせるということは、一番大好きなことと言っても過言ではないくらい。そして、色を効果的に使っている人を見ると、どんなにいい服やデザイン性の高い服を着ている人よりも、コーディネート上手だな、と私は感じてしまう。色の使い方がうまい人は、それだけでおしゃれに見える！

人それぞれに似合う色は当然違います。だからこそ「こういう色を着るといい」というわけでもありません。あくまでも自分の好きな色、似合う色を知ることから始まります。そして、色の使い方には本当にたくさんのアプローチがあるけれど、まずは簡単に、印象的に見せるいくつかのパターンをお伝えします。

例えば、同系色でまとめてグラデーションにしていく方法は、着こなしを簡単にきれいに見せてくれます。同系色とは、明るさ違いの、同じ仲間な色。色をそろえることで、品よく美しく見せる視覚的効果があるんです。流れるような色のトーンが、きれいでやわらかい印象を作ってくれる。取り入れやすいのは、グレーから黒へのグラデーション。黒だけでまとめるとクールな印象になりがちですが、グレーを入れることでシックで少しやわらかい印象にしてくれる。そして次に、ベージュの明るさ違いのグラデーション。これは、個人的にも好きで最も多く着ています。実際自分で着てみて、思っていた以上に見映えがするのがわかったんです。同じ色の面が多ければ多いほどまとまるし、それがベージュというやわらかい色を使うと、どんなデザインのアイテムでコーディネートしても、優しくエレガントな印象を残してくれます。

　また逆に、コントラストをつけて反対色をぶつける方法は、色の持つ強さによって着こなしがこなれて見えます。例えば黒ニットに黒やグレーのスカートを合わせるよりも、ちょっと強いグリーンのスカートを合わせてみる。それ自体は難しいコーディネートではないと思うのですが、強い色をぶつけることで単純に着映えして見えるんです。もし強い色を使うことに抵抗がある場合は、洋服でなくても分量感の少ないストールや靴、バッグなど小物から始めてもいい。顔まわりに来ると似合わないなと思う色でも、ボトムスに持ってきたり小物など顔から離れた部分にさすことで、自分に効果的な色だと気がつくこともあります。もちろんネイルだっていいんです。カジュアルなテイストを着ることが多い友達が初めて赤いネイルをつけているのを見た時、それだけで女度が上がって見えてドキッとしました。こんなふうにトライしていくうちに、強いインパクトのある色がどれくらいコーディネートに効果をもたらしてくれるのかがわかれば、もっと簡単にいつもの着こなしを素敵に見せられるはず。

それから、色は素材感によって出方が違ったり、光沢があるかないかでも見え方が変わります。例えばそれは、太陽の下にいるのか、室内にいるのかでも変わってくる。私は、雨の日や曇っている日に白を多く着ます。曇りの日は、色のトーンがくすんで見えるので、さみしい印象になりがち。白を着ることによって、光を反射させて顔まわりを明るくさせ、全体の印象を華やかにするんです。それがＴシャツでも、ブラウスでもいい。

逆にスカッと晴れた太陽の下では、ブルーやターコイズなどのくすみのない鮮やかな色を着ます。ハワイなどの南の島に行くと、みんな明るい色のサンドレスを着ていますよね。それは、その色が太陽の下に映えて、ヘルシーに見えるから。では、それを普段に取り入れるならどうするか。全身では難しいかもしれないけれど、それを部分使いにするだけでも、効果は十分。靴でもアクセサリーでもいいんです。例えば、コーディネートに赤い靴がさしてあるだけでガーリーでフェミニンに見える。そんな小さなポイントがキャッチーだなって。こんなふうに赤だけでなく、ブルーやイエローなど他の色に置き換えてみればいいんです。

色の効果と色が持つ華やかさを取り入れるだけで、コーディネートの幅はぐんと広がります。

あと、忘れてはいけないのが、自分に似合う色は変化していくということ。私にとって、ピンクは昔から好きな色。ピンクと言ってもいろんな幅があって、ベビーピンク、赤みが強いピンク、コーラル寄りのピンクなど、様々。どのピンクもよく着ていたんですが、最近は甘く見えるピンクが似合わなくなってきました。年齢を重ねて自分の印象が変わってきたことで、似合わなくなる色もあれば逆に似合う色も出てくる。そういう自分の変化とも、色のチョイスはリンクするんです。

色が持っている力を有効活用しないのは、とってももったいないこと。色の使い方次第で、シンプルに見えるけど、「見映え、着映えするコーディネート」が簡単に完成するんです。〝色〟を敬遠せずに、目で見てきれいと思う色は自分に一度合わせてみてほしい。色に対して柔軟性を持つこと、そして色の可能性を知ることが、おしゃれの幅、楽しさを広げることにつながるんです。

変化していく〝マイ〟ベーシック

ベーシックと言うと、どうしてもシンプルであったり使いやすさが重要視されたりと、万能選手のようなアイテムという印象があるけれど、人は十人十色で、体型やチャームポイント、ウィークポイントなどがまったく違います。だから、実は万人に共通したベーシックというものはなくて、「ベーシック＝〝マイ〟ベーシック」でなければならない、と思うんです。

そして、人によって自分に似合うベーシックがそれぞれ違うのと同時に、マイベーシックは年齢とともにシフトしていくべきもの。10代、20代、30代、40代……と、当然、ベーシックは大きく変化していきます。

私の場合、20代までは体にぴたっとしたキャミソールがマイベーシックだったのが、30代になったら体にほどよく沿うTシャツに変化していたり。また20代の頃は、やわらかい素材感の甘さを感じるフェミニンなスカートをよくはいていたけれど、今はほどよいボリューム感で張りのある素材のスカートに目がいく。もちろん時代の流れもあると思いますが、自分の中の「似合う」が変わってくるんです。

だから一概に、「ベーシックとはこのアイテムです」と言えるものは存在しなくて、自分で見つけ続けていくもの。そのためには自分を常に客観的に見る目が大切なんだと思います。体型や肌映りも変化していくし、ヘアースタイルも変わります。そうすると、無難だからという視点だけで選んだ服は、似合わなくなることもあって当然。〝何にでも合わせやすいから〟というだけでは補えない部分が確実に出てくる。ベーシックは、変化していくものなんです。

また、時代の流れとともに、世の中にあふれているものが変わってくると、自分の中での定番というスタンスのチョイスにも変化が出てくる。例えば、テーラードジャケットが好きという人も、数年前だったらタイトで細身で袖が短い、コンパクトな型を定番として選んでいたかもしれないけれど、今のベーシックなテーラードジャケットといえば、少しメンズライクで、シングル、胸のあきが深く、丈が長めの型、と変わってきているかもしれません。ベーシックという観点においてトレンドをかなり意識していなくても、気分が変われば選ぶ形が変わっていく。だから、ベーシックというのは本当に保守的なことではなく、実は、変わり続けること。

私の場合、例えばトレンチコートやピーコート、ジャケット、ジーンズやシャツ、Aラインスカートといったアイテムは、マイベーシックと言えます。でもそれは〝今〟のベーシックであって、決してここから永遠に変わらないものではない。ディテールや丈感、サイズ感は確実に変化していくと思うから。

20代前半の頃、私はトレンチコートが大好きでしたが、実は1、2年前までずっと着ていなかったんです。そして、再びピックアップしたのは、昔着ていたタイプとは違う一枚。昔は、ほんのりAラインで大人っぽい、シングルのオーバーサイズのトレンチをよく着ていました。新たに見つけたのは、タイトで短めの丈のトレンチで、ボタンやベルトをすべてしめて、コートワンピースのように着るのがマイベーシックになっています。

次にジーンズ。今でも幅広くはきますが、20代はブーツカットやフレアやワイドのシルエットを多く選んでいました。今の私のベーシックは、気持ち細身のボーイフレンドやスキニータイプに変化しているんです。ボーイッシュな印象が強かったボーイフレンドデニムが、ここ数年、気持ちコンパクトなシルエットになってきたことで、女らしさを感じるようになったから、はいてみたくなったんです。スキニーは、今のワードローブにルーズなトップスが増えたことによって、そのタイトなシルエットが全体のバランスをとるうえで必要になったみたい。

それぞれ見た目の印象は違うけれど、どちらもその時の自分のベーシックになっている。そういう意味でも、ベーシックには幅があって奥行きがある。だからおもしろい。

常に手元においておきたい安心感のあるアイテムだからこそ、自分の変化を経てなお、似合っているかどうかを見極めていくこと、それがマイベーシックを知るための大切なフィルターとなるんです。

21

〝バランス〟は着こなしのカギ

　洋服を着た時の全身のバランスは、自分が思っている以上にその人の印象を大きく左右するもの。もちろんイットモデルのように完璧なスタイルだったら、気にするポイントはそんなに多くないかもしれません。でも、私自身、普通の一般的なバランスなので、よりバランスよく見せようとすることは、コーディネートを作るうえで当たり前のように気をつけるポイントになっています。人それぞれ、一番バランスよく見える自分だけのルールを見つけられたらいいですよね。

　そのために、まずは、自分を知ることがはずせないプロセス。それぞれ、チャームポイント、ウィークポイントがあるはずです。例えば、背は小さいけど体のバランスがいいとか、膝下は自信がないけどヒップから脚のラインがきれいだとか。そう考えていくと自分に合うアイテムが見つかってくるんです。背が小さいけどバランスがいい人は、丈に気をつければ、ルーズだったりビッグシルエットなものでもバランスがとれる。ヒップから脚にかけてのラインがきれいなら、スカートよりパンツがいい。こうやって自分を見直してみる。決して難しく考えることはないんです。だって何十年も自分は自分を見てきたはずだから、良いところも悪いところも知っているはず。

例えば私だったら、好きなアイテムであるスカートを選ぶ時、基本的にジャストウエストのものや腰位置を高く見せてくれるハイウエストを選びます。それに対してトップスは、ある程度タイトなものを合わせる。そうやって体のシルエットをつなげば、目の錯覚でバランスがよく見えるんです。スカートにボリュームがある場合、丈は絶対に膝上10センチくらいのミニ丈。もし体に沿うようなタイトなスカートであれば、膝下丈でも、スカートと脚のラインがつながって見えるから十分バランスがとれる。

そして、足元は絶対と言っていいほどハイヒール。8センチ以上のヒールを選んでいます。私の髪は長くてボリューム感があるので、トータルバランスを考えた時、それが私にとってのベストなんです。もしもフラットシューズを履くとしたら？　ショートパンツで思い切り脚を見せてしまうか、ダークなトーンの気持ち透け感のあるタイツを合わせる。フラットシューズと脚を分断させず、つなげて見せるようにしています。素足で履くなら、ヌーディで足になじみやすい色の靴を選びます。体全体をひとつのラインとして考えた時、できるだけ、ボトムス〜脚〜靴のラインをつなげるようにする。分断される部分が多ければ多いほど、体のバランスを悪く見せてしまうので、できるだけ分断ポイントを少なくするんです。例えば、Ⓐ膝下丈のスカートにアンクルストラップの靴を合わせた場合と、Ⓑハイウエストで膝上丈のスカートにアンクルストラップの靴を合わせた場合。どちらがバランスよく見えると思いますか？　もちろんⒷですよね。分断する位置をなるべく高くすることがよりバランスをよく見せてくれるんです。

自分の体型は大きく変わらないものだけど、目の錯覚を利用してスタイルアップすることはできる。私は自分に似合うバランスを見つけるコツがわかるようになってから、「着てみたいけど、似合わないから……」という理由でやめることが少なくなりました。それを着るためにどうすればいいか？　絶対どこかにポイントがあります。それを探すことで、自分のコーディネートやスタイルをより一層よく見せることができるんです。

そのためにはずせないのは試着。洋服はハンガーにかかった状態だけではよくわからないんです。自分のサイズやバランスに合うのか、似合うのかを確認するために、ちょっと面倒でも絶対に欠かさないでほしいこと。できるなら、いくつかのバリエーションで試してみる。欲しいスカートがあったら、ニット、ブラウス、ジャケットなど自分が持っているトップスと似たものを合わせて着てみる。そうすればそのアイテムを使えるか使えないのかがはっきりとわかるんです。私は仕事でコーディネートする時、自分自身で着てみながらコーディネートしています。もちろん撮影では、最高にボディバランスのいいモデル達が着こなしてくれるけど、モデルに着てもらい、「似合う」を生み出すにもバランスが大切なんです。トップスとボトムスの丈のバランス、肌と洋服との色の相性、実際に体が入った時の洋服の膨らみ方やへこみ方は、着てみないとわからない。それに、普通の体型をした私に似合わないコーディネートを提案することはできませんから（笑）。洋服は体が入った時に初めて形になるんです。実際着てみると、良いも悪いも違って見えることだってある。だから試着は絶対条件なんです。

自分の体型を知って、どの位置に何を持ってくるのか？　どこにどのくらいのボリュームをつけて、どこをタイトにするのか？　こんなふうに自分だけのオリジナルルールを探してみてはいかがですか？

ドレスアップを自分のものにする

ドレスアップするということは、いつもとは違うシチュエーションで、特別なこと。だからつい気負ってしまったり、身構えてしまったりして、自分に似合ったものを着て行けない、どういうものを選んでいいかわからない、という声を多く聞きます。でも、ドレスアップすることは、極端に何かを変えなくちゃいけないわけではないんです。ベースにある〝自分に似合うもの〟というのはそんなに変わらないから。変えなくちゃ、というベクトルばかりがどんどん進むことで、わからなくなってしまうのかもしれません。ここでは簡単にドレスアップを楽しめるドレスの選び方やアイテムを紹介します。

リトルブラックドレスを見つける

「普段」でも「とっておき」でも着られる洋服があったらいいなと思いませんか？　それは私も同じです。そんな時によく選ぶのが、リトルブラックドレス。「とっておき」までの幅を出すために、ポイントをおくべきところは、「素材感」。素材の見え方は、一番印象を左右するからです。マットで光を吸い込むような素材よりも、少しだけ光沢があって、やわらかく、とろみのある素材感を選ぶことが多いです。次に「肌の見せ方」。胸元や背中、腕や脚。どこをどのくらい見せるかによって、テイストが変わってくる。肌の露出を敬遠しすぎてしまうと、ただの地味な黒いワンピースとして映ってしまいがち。だからこそ、見せるところと覆うところのテンションをつけてみる。ノースリーブに少し深めな胸元なら、体に沿うぐらいのシルエットで膝丈にしてみたり。胸元のあきの少ないクルーネックなら、背中が大胆にあいたものを選んでみたり。こんなふうに素材の選び方や肌の見せ方のバランス次第で、シンプルだけど華のある自分だけのリトルブラックドレスを見つけられるはず。

目を引くような鮮やかな色を選んでみる

ドレスアップ用に洋服を選びたいけれども、アクセサリーやバッグ、靴までは新調できない……。そんな場合なら、潔く鮮やかな色のドレスを選んで、華やかさを演出するだけでいいんです。色のページ（P50〜53）で書いた通り、色の持つ効果は絶大。ミニマムなデザインでも、色が効いているだけで、目を引きます。その時はアクセサリー、バッグ、靴などはシンプルで十分。私がよく使う色は、コーラルピンク、トマトのような赤、そしてプラムやパープル。これらの色だと、品が守られて、攻撃的に見えすぎず、華やかな演出もできるし、フェミニンな印象も見せられるからおすすめです。

バッグ、アクセサリーでドレスアップさせる

クラッチバッグは持つだけでエレガントに見えるアイテム。それは「クラッチバッグ＝パーティ」という意味だけじゃなく、片手で持てるサイズのバッグだからこそ、持った時の指の添え方がとっても女らしくエレガントに見えるから。また、ドレスアップをしようとすると、ここぞとばかりに、アクセサリーをたくさんつけてしまいがち。その場合はいくつかにポイントを絞って重ねていけば、女らしさが際立ちます。例えば、ボリュームのあるリングをつけて、同じ腕にバングルを重ねづけする。ゆれるシャンデリアピアスに長いチェーンのネックレスを何重かにしてつける。こんなふうな重ねづけはスマートにドレスアップ感を増してくれます。逆に、どこか一カ所だけに印象的なアクセサリーをつけるのも効果的。デザインの効いたもの、ボリューム感のあるもの、輝く存在感のある石などを一カ所に身につけると、そこが浮かび上がってきて、強調されるんです。

ドレスアップは、いつものおしゃれの延長にあるもののはず。だから、着て行ける服やチ

ヨイスできる服の幅が大きく増える、というプラスのことだと考えてほしいんです。それは、いつもより大胆なデザインのドレスを着られるとか、鮮やかな色に挑戦できるとか、華やかな服やアクセサリーを身につけられる、といったことを楽しむべきチャンス。

それに、ドレスアップすることでいつもより着こなしの幅が広がる分、気持ちやテンションも変わるはず。それを着た時、履いた時、身につけた時の背筋が伸びるような素敵な緊張感を含めて、ドレスアップの楽しさを味わう。Ｔシャツやジーンズの時とは確実に違うから。ドレスアップを堅苦しく考えずに、その気分をもっと楽しんでいってほしいんです。

5

この２つの映画の 60's や 70's の
時代背景やファッションからヒントが。
ヘアースタイルやジュエリー……。
見ているだけでわくわくします。

『カジノ』
Blu-ray 発売中　税込￥1,980
発売元：ジェネオン・ユニバーサル・エンターテイメント

『シングルマン コレクターズ・エディション』
DVD 発売中　税込￥3,990
発売元：ギャガ　販売元：ハピネット

1

きれいな白いシャツに
黒いパンツ。
白と黒の色のチョイスで
十分にドレスアップ
している印象に。

4

色を効かせるなら
シンプルでミニマルなタイプを。
色だけで華やかさが出せるから。

3

ワンピースの上に何を合わせる？
ストールだけではなく、
こんなシルクの
ソフトジャケットを選びます。

2

ゴールドの靴は
様々なシーンで使える。
肌になじむ色だから
デザインは
印象的なものを選んで。

Dress up

6

お気に入りのワンピースを
いろいろ着回したい時に
欠かせないのが、
ボリューム感と
色使いが楽しい
コスチュームジュエリー。

©Getty Images

7

選ぶポイントは素材感、
ディテール、シルエット。
色は抑えてディテールで
遊びを取り入れて。

©Getty Images

8

ドレスアップが上手な二人。
洋服に着られず
自分のスタイルにできる。

©Fame Fly net／アフロ

©Abaca／アフロ

9

クラッチバッグは
ひとつは持っていたいアイテム。
振る舞いが変わります。

10

リトルブラックドレスは、
自分の好きが
詰まったものを探します。

Chapter 2

Things

大切にしたいこと、大切にしたいもの

Special Talk

about a Fashion

Photo by NAOKO TSUJI

HARUKA IGAWA

井川 遥

――私がスタイリングをするうえで、影響を受けた人の一人が女優の井川遥さん。ファッションについてお話ししました。

辻　遥ちゃんとの最初の仕事は、確か10年くらい前だったかな。その後、何度かご一緒し、やがて『VERY』の表紙を担当することに。最近はコンスタントに会ってますね。

井川　『VERY』のカバーはもう4年。広告でもお願いしたり、仕事終わりに食事に行ったりね。いつも素敵なスタイリングをありがとうございます。

辻　こちらこそ。遥ちゃんは、最初にお仕事をした時から「自分自身に対して意識が高い人だな」って感じさせてくれて。「こうしたい」「こうありたい」というヴィジョンが頭の中にある方なので、スタイリストが用意するものを、〝着せられる〟のではなく〝着る〟。おしゃれという感覚がとても長《た》けているんです。何を着ても、たとえ自分の趣味とは違うタイプの服だとしても、〝井川遥〟になる。私はそういう人がとても好きなんです。

井川　スタイリングの仕事というのは必ず、制約やテーマがあるでしょう？　そんな中でも直ちゃんのコーディネートはきちんとテーマをとらえながら、どこかに意外性があるんです。例えばトラッドをテーマにしても、トレンドそのままではなく、女らしさや懐かしさをミックスしたり、定番のデニムも常に新しい感覚で提案してくれる。そのさじ加減に直ちゃんのオリジナリティをすごく感じる。そして、現場では着る人と洋服の相性をほんとによく考えてくれて。洋服を着崩したり、コーディネートを見て全体のバランス感を変えてみたり、どうすればその人が一番きれいに見えるかという位置をしつこーく探してくれる。

辻　そういう部分ではしつこーいかも。私はスタイリングを通して、その人のことをもっと知りたくなるんです。体型や肌の色、髪型、表情……、その人の魅力を服によって引き出したくて。「最高にするにはどうする？」と。遥ちゃんは、何度仕事をしても「あ、フィットした」「この質感、好き」と、興奮する瞬間があって、ますます新たな一面を探したくなる存在。私の仕事においてもテイストを深めるいいきっかけだったと感じています。

井川　よかった。私も直ちゃんからたくさん刺激をもらってる。特に、色のセンスにはいつもハッとさせられます。会話の中で、「なんとも言えない色だよね」「この色、なかなか他にないよね」といった表現がよく聞かれるのも、色彩に敏感な直ちゃんならでは。実際にそこにない洋服のバリエーションを私が聞いた時も、〝黄みがかったベージュ〟〝カーキに近いグレーベージュ〟〝赤みが強くて秋っぽいベージュ〟……というように、ちょっとしたやりとりの中にも色へのこだわりを感じるもの。

辻　そうですね。スタイリングをするうえでも、自分自身のファッションにおいても、色は大事な要素だと思うんです。

井川　コーディネートの際にも、なじんで

いるか、ぼやけていないか、どこを引き立てるのか……服のニュアンスと着る人の肌色も加味してトータルで考えてくれる。そして、レイヤードしたタンクトップ、わずかに見える細いベルト、バッグに巻いたスカーフなど、さし色で表情をつけるのも直ちゃんらしい。その色選びは和服にも通じる感覚だと感じる時がある。半衿や帯締めなら意外とも思える思い切った鮮やかな配色も効果的で、ぐっと印象的に仕上がりますよね。そんな柔軟な遊び心があって。ストレートじゃなく、でも主張しすぎない。きっと直ちゃんには、とても客観的な視線があるんだろうなあと思うんです。

井川遥に
引き込まれているんです

辻　仕事のうえで、求められることと自分がしたいことのバランスをとるのはやっぱり難しい。ひとりよがりになってはいけないし。でも、私は、自分が好きなもの、着たいものをダイレクトにスタイリングに反映させるタイプで。そういう意味で、4年くらい前が転機だったかな。年齢とともに私自身のおしゃれも変化して「次なる私のベースを見つけたい」と思ったんです。じゃあ、自分が軸とするものは何だろう？　と考えるとわからなくなって。そんな時に遥ちゃんとの表紙の仕事が始まったんです。女らしさ、品のよさ、セクシーさ……、遥ちゃんを見ているだけで、どんどんインスピレーションが湧いてきて「あ、こういうスタイルでいこう」と私の中で新しい軸が生まれた。スタイリストとして、こんなふうに想像力をかきたてられる人にまた出会えたことが心から嬉しいです。

井川　私も直ちゃんから教わったことは数知れず。例えば肌に沿うようなシルクブラウスを着る時、ただ透けさせないというだけでなく繊細さをそこなわないようなインナー選び。そこをとても大事にしてる。素材同士の相性や胸元のカットラインや肩紐の細さ、裾が巻きあがらないこと……、表には見えないけれどもすごく影響を受けた部分。大人のたしなみや、着心地のよさ、上質を求めることで女性として気持ちが上がること……。直ちゃんはいいものをいっぱい知っているから、話していると、自然に素敵を積み重ねていけるんです。

辻　好きなものや嫌いなもの、心地よいと感じること……。スタイリングに直接関係のない他愛ないことも含めて、会話はすごく大切です。話し方や言葉の選び方から見えてくるものもあるし、仕事との向き合い方なども会話から感じとれる。特に遥ちゃんは、そういった内面もひっくるめた人としての魅力を伝えられたらいいなあと思って。

服だけでなく女性像を提案する
直ちゃんのスタイリングが好き

井川　直ちゃんは、一歩先行くスタイリングをいつも提案してくれるけれど、そこにはきっときちんとした女性像があるんだと

思う。「このドレスとこのバッグを見せたい」というところで終わらない。「このドレスによってどんな人にしたいか？」という方向性を常に考えていて。例えばベージュの服というテーマだとしても、クールでカッコいい人、セクシーで女っぽい人、ナチュラルでヘルシーな人、ひとつに決めるのがもったいないくらい、多くの女性像を提案してくれる。

辻　それは遥ちゃんのおかげ。どんなテイストにするか、テンションにするかが次々浮かんでくるから。

井川　撮影現場では「なるほど、さすが!!」とうなってしまう瞬間がある。服は着てみて初めて見えてくることがあるけれど、写ってみないとわからないことはもっとある。色の足し引きや分量の計算はもちろん、動いてみた時の服の見え方や体のラインも。フレームの中でどう表現するか？　それを想定して集められた服なんだと、気づかされる時が本当によくある。あ、なんだかこんなふうに話すと、完璧な人を想像するかもしれないけど、スキがないわけじゃないよね（笑）。プライベートではすごく自然体でチャーミング。ぬけているところもあって（笑）。

辻　本当にそう。やっぱり素《す》が出ちゃう。

井川　そのギャップがいいなって。

井川遥がもつ「面」の幅広さ

辻　遥ちゃんはきれいで、聡明で、品があって、コケティッシュで……、女性達が憧れ、共感する部分がたくさんある。そういうことはもうみんなが知っているのだけど、他にもいろんな面があって、その「面」のバランスがいい。人として奥が深いんです。例えば、現場ではいろんなことが起きて、時には「これは違うんじゃないか？」と思うこともあるわけです。そんな状況で、とても冷静に意見を述べて、新しい提案をしてくれる。多くを語るわけじゃないのに、言葉の選び方がオツで、態度や話し方もやわらかくて。思わず参戦したくなるほど説得力がある。声を大にして「井川遥さんは本当に素敵な人なんです！」と言いたいの。

井川　いやいやそんなことはなくて、とっても難しいことだなっていつも思ってる。スタッフそれぞれの思いや自分に求められていることを考えて、失礼がないよう、客観的に伝えなくてはと思うから。でも、あとで「あの言い方はどうだったかな？」と思い返したりもする。直ちゃんだって、ここでは私が主導権をとらなければという場面で、躊躇《ちゅうちょ》ない時もあるでしょ？（笑）

辻　確かに心苦しくて意見を言わずにスルーできたらいいなと思うこともあるけど、やっぱりみんなでいいものを作っていきたいから。

井川　モデルの仕事は、役やセリフがない分、見えていることがすべてになる。シャッターを押す瞬間のちょっとした動きで写真の印象が大きく変わる。だからこそ、方向性を確認するコミュニケーションはとても大事だなって。

井川 遥：
HARUKA IGAWA

女優。テレビや映画、ＣＭの出演を中心に女性誌『VERY』の表紙モデルとしても活躍中。

誰かのために おしゃれをするということ

井川　撮影の日は私達、とっておきを着ていくよね。「じゃーん、今日のいいもの」って見せ合って（笑）。

辻　そうそう、「それどこの？　はかせて！」と、試着させてもらうことも。撮影とは別の〝おまけ〟もこっそり楽しんでみたり。

遥ちゃんは私服もすごくおしゃれ。自分に似合うものを知っているし、いいものを見る目が備わっているんです。流行やブランドを追って何となく今どきな感じに見せるというのではなく、おしゃれの本質がわかっている。パンツひとつとっても、雰囲気によってはルーズに落としてはいてみたり、ロールアップしてみたり。それまで苦手だったパンツが、いまや欠かせないアイテムになったのは、遥ちゃんに影響を受けたからかな。

井川　スタイルアップして見えることももちろん欠かせないけれど、でも〝服の雰囲気を着る〟みたいなおしゃれも時にはしたいよね。

辻　ほんとにそうです。服のおもしろさや雰囲気を重視した着こなしをする人がもっと増えると嬉しいな。

井川　直ちゃんは会うたびに違う印象の洋服を着ているのだけど、そのどれもがよく似合っている。服を自分に引き寄せて、直ちゃんらしく着こなしているんです。例えば、きれいにシェイプするボディコンシャスな服でストレートに女性らしく装うこともあれば、あえて大きいサイズを選んで華奢な体が泳ぐようにコートを着こなすことも。肌と相性のいい色選びというところでは、サンタン肌によく似合うビビッドカラーを取り入れて。ほんとにいろんな見せ方を知ってる。ファッションはまず自分を知ることから、とよく言われるけれど、身長や骨格とのバランスを考えたパンツの太さや丈、ネックレスの長さや時計のボリューム、バッグの大きさに至るまで、まさに自分を熟知したおしゃれだなあと。〝なんだか素敵〟には、裏付けされた客観性があるんだとわかる。削《そ》いだファッションに一点迫力のあるブルーやグリーンのバッグを合わせたり、エッジーなヒールを投入するスタイルも、眼差《まなざ》しの深い顔立ちやリッチなヘアーによく似合って素敵だなあと眺めています。そういえば、直ちゃんの格好が可愛くて「このまま家に帰るなんてもったいない、デートに行けば？」ってすすめることもあるよね。

辻　私、遥ちゃんとの仕事の日は、すごく忙しくても、なんだか嬉しくておしゃれしちゃう。男の人のために着飾るのもいいけれど、素敵な女の人に会うのにあれこれ服を選ぶのも楽しい。同性でも異性でも、自分にとって大事な人のことを考えておしゃれをしようと思う気持ちが、洋服選びで大事な要素のひとつだと思う。そんなふうに思わせてくれる稀《まれ》な人が、井川遥さんなんです。

Special Talk

about a Friend

Photo by NAOKO TSUJI

BRENDA

ブレンダ

——仕事でもプライベートでも、刺激を受けてきたブレンダ。今はハワイに暮らす彼女とお互いについて改めて話しました。

辻 ブレンダと最初に会ったのって、仕事じゃなかったよね？

ブレンダ そう、友達がテストシュートする時に私がついていって。あの時、ナオコのこと、年上だと思ってたんだよね。

辻 なんで？

ブレンダ 洋服がプチバトーの白いTシャツにアールジーンのデニムスカート。仕事中だったからすごくまじめだったし、コンサバで落ち着いた人だなって。それに声がすごく低かったから（笑）。でも会うたびに印象が変わっていったの。すごくおもしろくて楽しい人。だからナオコと一緒の仕事の時はつい仕事してるの忘れちゃうの（笑）。

辻 もちろん、真剣に仕事はしているんだけど、その最中すごく遊んでるというか、楽しんでる。多分私達は「まじめ」と「遊び」のバランスが似てるんだと思う。

ブレンダ Yes!! しゃべっているとすごく楽しいけど、仕事では失敗しちゃうことってあるじゃない？ 逆にまじめすぎてまったくおもしろみがないこともある。でも、ナオコはその両方ができる人。だからいつも仕事を楽しんでできるんだよね。

　話は戻るけど、最初のテストシュートのコーディネートが可愛くて、私がすぐ仕事をオファーしたんだよね。

辻 そう！ ブレンダの連載ページでの仕事のオファーがあった時、たまたま実家にいてすごく喜んだのを今でも覚えてる。家族みんなでね。まだスタイリストになったばかりで何も結果を残してない時だったから、ブレンダが私に何かを思ってくれたのが嬉しかった。その撮影のあとから、一緒に時間を過ごしていく中で、いろんな共通点がわかってきて、どんどん仲良くなっていったんだよね。

ブレンダ 私達って最初から壁がなかったよね。他にも仕事から友達になる人はいるんだけど、ここまですぐ仲良くなるのはちょっと珍しい。

辻 私も、ここまで仲良く「したい」と「できる」が合致する人は少ない。本当にいつも一緒にいたよね。別々の仕事の現場なのに、「何やってるの？」「今終わった」って連絡して落ち合って。二人で学校の下校みたいに話しながら歩いて帰るのがすっごく楽しかった。考えていることや仕事への姿勢、自分が人として大切にしたいことが近かったから、信頼していろんなことを話してた。

ブレンダ 私もすぐナオコは信用できる人だなって思ったし、何よりも言わなくても考えていることが伝わるの。それがフィーリングなのかも。

辻 目を見るだけでもわかるよね。怒られるー！ とか、何か言われるーとか（笑）。

ブレンダ そんなに怒ってばかりじゃなかったよ。ただ、ナオコはワーカホリックだから、それに対しては昔からよく言ってたよね。だから、ナオコから意見を求められ

た時はもう少しペースを落として、何を大事にするかをもっと考えてって言ってきたけど……でも長く続かない（笑）。これだけ服やファッションが好きな人、見たことない。でもね、それがナオコの強さでもあり、弱さでもあると思ってる。ナオコの一途さはとっても尊敬しているけど、仕事とパーソナルライフのバランスを取ってほしかったの！ 私は近くでナオコの仕事を見てきたけど、スタイリストのスケジュールって、打ち合わせから始まって、洋服の貸し出しから撮影まで、ひとつの仕事だけでも、かかる時間もやることも膨大じゃない？ そのままのペースで仕事していると朝から晩までストレスフルでパンクしちゃう。

辻 うん、ブレンダのアドバイスは私にとっていいブレーキになってた。気にかけてくれるポイントが体を壊すからってことだけじゃなくて、心のこととか、スタイリストを長く続けていくうえでのバランスとか、すべてをひっくるめて言ってくれている言葉だっていうことも嬉しかったんだ。今自分がどこにいるのか、客観的に自分の立場や進み方をいつも確認させてくれる言葉だった。本当にブレンダには感謝してたよ。

ブレンダ ナオコは物事の判断が的確で、何が正しいかをちゃんとわかってる人だから、私も安心して言えるの。

「ブレンダ」という ひとつのブランド

辻 いろんな人と仕事をしているけど、ブレンダは外見がきれいとか洋服を美しく見せる力が高いというだけじゃなくて、自分から発信するセンスがものすごくいい。「ブレンダ」っていうひとつのブランドになってると思うの。

ブレンダ そう？

辻 変な意味じゃなくて客観的な視点を持っていて、見せ方のセンスもいいから、自分自身でプロデュースもできるし、ディレクションもできる。

映画や音楽やアート、ブレンダの「好き」っていうものも、私から見るとパーフェクトに近い。私のど真ん中って感じだったの。今、私達の映画とか音楽の趣味が似ているのも、私がブレンダに影響を受けたこともあると思う。

ブレンダ Same!! 私もナオコに対して同じ印象を持ってるよ。

辻 でもね、ブレンダが今の言葉を言ってくれるまでに、知り合ってから10年は必要だったと思う（笑）。そこに達するまで私を育ててくれたって、私は思ってる。こうだよ、こうだよって、いつもブレンダがアドバイスしてくれたり、刺激してくれたから。

ナオコは ナニカを持っている

ブレンダ ナオコは私の考えについて、いつもネガティブじゃないの。ある大事な相談をした時、さらっと「いいと思うよ」って言ってくれた。肯定してくれたことが嬉

しかったわけじゃなくて、その言葉の奥には、私のことを理解して、私のすべてを受け入れてくれている気持ちがあったから。

辻　もちろん。ブレンダの考えを信じているし、尊重してる。だから、ブレンダの考えを一度自分の中に通してから考えられたらいいなって。

ブレンダ　ありがとう。ナオコのポジティブで自然体なところにいつも助けられてる。あと思うのは、本当にスマート。今はスタイリストとしてアートの分野で活躍しているけど、どの分野にいっても、大丈夫なはず。

　それと、ここまで記憶力いい人はいない！　ほんと忘れないよね（笑）。

辻　そうかも。それお姉ちゃんにも言われた。

　私がブレンダとの思い出で心に残っているのが、仕事のあとの反省会。ブレンダが「今日のスタイリング、ナオコはどうだったと思う？」って聞いてきたことがあって。「トレンドなものだからとか、なんか可愛いってだけじゃなくて、ナオコがお金を払ってでも欲しいと思うものしか、持ってきてほしくない」って言ったよね？　その時、悔しかったのと嬉しかったので涙が出た。私はまだキャリアも浅くて、仕事をこなすことに一生懸命だったからすべてをまんべんなく見通せていなくて。その時にこの言葉を言われて、その視点のピンポイントさに、あ、この人はちゃんと私を見てくれてるんだなって思ったの。それからは、仕事の内容によっては制限や基準もあるけれど、自分を信じていいんだなって思えたんだ。今振り返ると、それが今でも私の軸となってる。

ブレンダ　私がナオコとのことで思い出深いのは……本当にたくさんあって選べない！　一緒にたくさん仕事をして、旅をして、服もベッドも秘密もシェアしてきたよね（笑）。

　あっ、でも、ある撮影で、服が足りなかった時のナオコの反応はほんとにおもしろかった！　あれだけ驚いたのも、あれだけ早い動きも初めて見た。So funny! これがナオコの突出したナニカなんだと思う。仕事、会話する時のボディランゲージ、笑顔、おもしろさ！　そして時々するミステイクも。いつも私に強い印象を残していってくれる。

辻　それはブレンダの前だからだと思うよ。喜怒哀楽の感覚が似ているから。くだらないものから大切なものまですべて共感し合えるんだと思う。

ブレンダ　それにナオコは本当に思いやりがある人。どんなに忙しくても、友達や家族に困ったことがあると、そばにいてくれる。私がハワイで出産した時、すっごく忙しいのに、ハワイまで来てくれて立ち会ってくれたよね。ずっと病院で手を握りしめてくれたのは一生忘れられない。

愛があるから言い合える

ブレンダ　ナオコは私にとって姉妹みたい

ブレンダ：
BRENDA

モデル。女性誌『Marisol』の表紙モデル他、「mimi&roger」のクリエイティブディレクターとしても活躍中。

な存在。だから、イライラしている時にそばにナオコがいると、あたっちゃうこともあったよね（笑）。別に何もしていないのに。

辻　わかる！　なんかわからないけど、イラッとするとか（笑）。表紙の撮影中なのに、二人とも口をきかなかったこともあったよね。なのに、その時のブレンダが最高にきれいだったりするの。

ブレンダ　でも、数時間後には忘れている。というか、あったことすら覚えてない（笑）。ほんとに仲のいい人じゃないとそうはならないからねっ。

辻　無意識に当たり前に気を使ってしまう場面が多いけど、唯一気を使わない相手かも。ブレンダは私が自然体でいられる人。

ブレンダ　You are soul mate!! (^^) 私達って本当に通じ合ってるよね（笑）。だって私日本語あまり上手じゃないのに、なぜかナオコの言いたいことはよくわかる。

辻　確かに私も出会った頃から、ブレンダが何を言いたいのか理解できた。ブレンダは今ハワイに住んでいるけど、離れてても、今大丈夫だなとか、なんかあったかなとか、わかる気がする。

ブレンダ　実際あとになって話をして、やっぱりそうだった！　って時もあったよね。

辻　ほんと不思議。でも自分が感じられることが嬉しい。それって二人の絆ってことかな。ブレンダとは仕事もプライベートもずっと一緒に過ごしていたから、多分すべて理解できるんだなって思う（笑）。

　私は当時マネージャーがいなかったし、仕事の相談をあまりするほうじゃなかったから、相談できるブレンダの存在は私にはすごい重要だったなって。

ブレンダ　Me too! 仕事の悩みや何か新しいことを始める時は誰よりも先に、ナオコに相談してしまう。私のこと、しっかり見てくれてるからね、多分誰よりも。ナオコは私のことしか考えてないから（笑）。それに、そこには愛があるから、安心して話ができる。

　プラスして、ナオコは直感的。その感覚も信頼しているから、ナオコをいつも信じるの。

辻　私もブレンダに出会えたから、スタイリストを続けてこれたのかもしれない。私ね、ブレンダがハワイに帰ったあと、どうしていいかわからなくなっちゃった時があったの。私にとってブレンダは発想をかきたててくれるミューズの一人だったから。だから一人でたくさんたくさん悩んで考えた。でも答えはなかなか見つからなくて、ただ純粋に仕事に打ち込んでみたの。そしたら、いろんな出会いもあって、新しい視野も広がっていった。

　だからこそ、ブレンダに感謝してるんだ。ブレンダがいてくれたから、スタイリストのベースとなる部分が培われたし、ブレンダがハワイへ帰ったあと、改めて自分と向き合うことがなければ、今につながる新しい軸ができなかったと思う。いつも大事な場面でいいきっかけを作ってくれたブレンダはかけがえのない特別な存在だよ。本当にありがとう。

One and only

CHANEL BAG

長く続いてきた歴史あるものにすごく魅力を感じてしまう。
このバッグも変化しつつも変わらないデザインにとても惹かれます。
長い歴史があるものだけに、このバッグがもつ強いインパクトがあるんです。
だから、どうしたらもっと似合うの？　って考えさせてくれる、
私にとって奥が深いバッグなんです。

CHANEL

大切にしてるもの

愛するものって、すごくきれいで、可愛くて、使いやすくて……。
でも、そこにプラスして何か思わせてくれる「ひとつ」があるなって。そう感じるんです。

FENDI BAG

数年前に初めて見た瞬間「一目惚れ」していたんです。
レザーの色や素材感、内側の素材感がシーズンによって変わるので、好きなコンビネーションに巡り会えた時に購入しようと思っていました。やっと、やっと巡り会えたのが、
ヌーディなスキントーンのこのバッグ。ヌーディカラーのバッグって緊張感が出るんです。
汚さないようにって。そういう気持ちが好き。

FENDI

HEELS

「コーディネートは靴で決まる」って10代の頃言われたことがルーツなのかも。

個人的にもスタイリストとしても、好きなもので、大切なもので、欠かせないもの。

私は靴を選ぶ時一人で買わないんです。もちろん履き心地も重要、でも同じぐらい大切なのが履いた時に「どう見える」か。360度見てもらうんです。だって大切にするものだから。

赤いパンプス、ブラウンのサンダル、ゴールドのサンダル(すべてChristian Louboutin)、
ブラウンのパンプス、ベージュのパンプス(ともにManolo Blahnik)、
ピンクのバックストラップ(PIERRE HARDY)、グレーピンクのエナメルパンプス(sergio rossi)

WATCH

レザーストラップに大きめなフェイスの時計は私のベーシック。
正統派でメンズライクなエッセンスは私のコーディネートに欠かせないスパイス。
そして、ブレスタイプならエレガントで華奢なものが好き。
左の「レベルソ」はケースが表と裏と反転するんです。
初めて見た時、時計に「二面性」があるだなんて！　と感動したことを覚えています。
一生付き合っていきたいと思った時計です。

2点ともにJAEGER-LE COULTRE。レベルソとアンティーク

JEWELRY

ジュエリーを選ぶ時、私なりの女性像と時代感を思い浮かべます。
ジュエリーを身につける時に、「こうしないと」っていうルールはないと思ってるんです。
だから映画などで観た「あんな感じの女性」を妄想しながら、
私なりの女性像を思い浮かべて探しています。

左のピアス(BOUCHERON)、ブレスレット(Van Cleef&Arpels)、
バングル下(DAVID YURMAN)、バングル上(CAROLINA BUCCI)、
青い石のブレスレット(Marie-Hélène de Taillac)、右のピアス(CRIVELLI)

PEARL

10代の頃、ジャッキーが身につけているのを雑誌で見て以来、ずっと憧れをもつアイテム。

パールのつけ方は、年齢や洋服の変化とともに変わっていくところが奥深い。

だから、身につけ方の可能性を探していってしまう。

ロングパールは長くつけたり重ねたり、スカーフの上からつけたり。

つけ方に遊びがあり、飽きのこないアイテムです。

TIFFANY

SUNGLASSES

サングラスにはキャラクターがあるから好き。
例えば「白いTシャツにジーンズ」、そこに様々なタイプのサングラスをかけたら、
それぞれまったく違うキャラクターを作り出せてしまうと思う。
そんなアイテム、なかなかないと思いませんか？
だから私はサングラスでちょっとだけキャラを加えたりします。

左上からTHIERRY LASRY、OLIVER PEOPLES、CUTLER AND GROSS

HAT

父の影響なのか、昔から好きなアイテム。

サングラスと似ていて、帽子そのものの形に惹かれてます。

自分のスタイルの最後に加えるだけで雰囲気を変えられるということに魅力を感じるから。


上(MARGARET HOWELL)、下(FERRUCCIO VECCHI)

HERMÈS STOLE & SCARF

この4、5年でより一層好きになってしまいました。

クラシック～モダンなテキスタイルと色と織り柄のコンビネーションが絶妙。

アーカイブのテキスタイルを使ったタイプにも「今と昔」の融合に感動します。

身につける時も、ただ巻くだけではなく、どの柄のどの色の面を見せるか、
と工夫させられるところも好き。この「素敵」を教えてくれたのはエルメスのPRの方でした。

HERMÈS

YSL SKIRT

サンローランのスカートは最高にエレガントな憧れのスカート。
私がスカートに求める「いくつも」が詰まっているんです。
このスカートを見つけたあと、何度も何度も足を運び試着しました。
面倒だけどそのスカートに合いそうなトップスを着て。
こんな「好き」と「似合う」が合致したものに出会えるととても嬉しく思います。

YVES SAINT LAURENT

CARDIGAN

編み柄や体がニットの中で泳ぐようなルーズなシルエットに
フェミニンさを感じます。
私のスタイルを作るうえで欠かせない「抜け感」を表現してくれるアイテムのひとつなんです。
タンクトップ、Tシャツからシルクのブラウスまでオールマイティに合わせられるので
シーズン問わず探してしまいます。

Drawer

CAMISOLE

インナーも大切なコーディネート要素のひとつ。透ける素材のブラウスやワンピースの中に合わせて
うっすらとレース柄を見せたり、胸元のあきが広いものに合わせてレースを覗かせたり。
そして、このキャミソールがまったく見えないコーディネートの時も着ています。
「見えるからこそ」だけでなく、「見えなくても」これを着ているという、
その心持ちがなんだか好きなんです。

HANKY PANKY

Wolford

ここ数年ウォルフォードを愛用しています。
はいた時の脚からヒップへの何とも言えないフィット感、
素材のなめらかさ、絶妙な色のトーン。
どれをとってもパーフェクト。

Wolford

AMERICAN APPAREL

長く愛してます。愛すべきものはなかなか入れ替わりません。
たくさんのカラーバリエーションを見るとワクワクしてしまう。
そこから好きな色や柄を見つけて自分のコーディネートとミックスしていくのが
また楽しい。本当に「シンプル」だから自分らしい味つけができるんです。

AMERICAN APPAREL

Today I'm wearing

季節によって着るものは変わっていきます。
「季節や天気から感じるテンション」「どこに行って、誰に会う」が、
その一日のコーディネートを決める軸なんです。

SPRING

「赤」は私にとって、なくてはならない色。スカートのシルエットと色のバランスがよくていろいろな印象に着こなせます。
Tシャツ：laura urbinati
スカート：イヴ サンローラン
バッグ：コーチ
靴：クリスチャン ルブタン

シャツは3サイズアップしたものをチョイス。このアイテム達は、毎年コーディネートの仕方を変えて必ず登場します。
デニムシャツ：TOP SHOP
ワンピース：アメリカン アパレル
バッグ：バレンシアガ
靴：クリスチャン ルブタン

右のコーディネートにはこんな靴も合わせています。デザインのインパクトとボリューム感がコーディネートをガラッと変化させます。
靴：クリスチャン ルブタン

色合いは、優しく落ち着いたベージュ～グレーへのグラデーションにして、少しハンサムなコーディネートにまとめました。
ニット：ドゥロワー
パンツ：セレクション オブ
バッグ：フェンディ
靴：マノロ ブラニク

正統派な印象のコーディネート。でもそれぞれのアイテムに少しだけニュアンスがあるものを選ぶと地味に見えないんです。
ブラウス：エキプモン
スカート：Signon
靴：クリスチャン ルブタン
イヤリング：プラダ

いつの時代も変わらないスタイル。でも、その時選ぶから「今」というエッセンスが入るので古臭く見えないんです。
ニット：J CREW
ジーンズ：カレント エリオット
バッグ：バレンシアガ
靴：マノロ ブラニク

数年前にアリゾナで購入。ターコイズといっても様々な色合いがあって表情が違います。ターコイズを使う、というより私は「色を使う」という感覚で使っています。

「マイベーシック」のベスト３に入るアイテムがジャストウエストのスカート。自分のスタイルを作るうえで欠かせないアイテム。背の低い私にはバランスをとりやすいんです。
Ｔシャツ：マジェスティック
スカート：ドゥロワー
バッグ：SENSI studio
靴：クリスチャン ルブタン

このスカート優秀なんです。カットソー素材で生地がダブルになっているからニュアンスがついてスタイルアップして見えるんです。「ごまかす」も有効的に！
トップス：イヴ サンローラン
スカート：アレキサンダー ワン
バッグ：シャネル
靴：ピエール アルディ

左の写真で着ているものですが、Ｔシャツなのにブラウスのような威力と存在感があるんです。かなりコーディネートの幅が広がるんだなと着てみて思いました。

このカーディガンはかなり使っています。これを買ってから、全体的に白いトーンでまとめるコーディネートが多くなりました。

アイテムから新しいコーディネートが浮かぶこともよくあるんです。

カーディガン：ドゥロワー

リゾートへ行く時こんなインパクトあるアイテムはアクセサリーがわりになるんです。
ハット：Eric Javits

SUMMER

このピンクに一目惚れしました。インドの宮殿ハワー・マハルのようなイメージ。だから靴はゴールドをプラスしました。
ワンピース：アテ ヴァネッサ ブルーノ
バッグ：TOTeM
靴：ジャンヴィト ロッシ

左と下の2つはもう4、5年は着ている大好きなもの。数千円ぐらいでした。もちろん東京でも着ていますが、旅先に必ずというほど持っていってます。

着丈を自分でハサミでカットして着てます。
ワンピース：アメリカン アパレル

デニムのワンピースは昔からつい買ってしまいます。少し70's のテイストを感じるものを選びます。
ワンピース：レベッカ テイラー
バッグ：コーチ
ハット：マーガレット ハウエル
靴：クリスチャン ルブタン

このレースのようなカットワークのオフホワイトのワンピースには、甘くなりすぎないよう黒をプラスすることが多いです。
ワンピース：レベッカ テイラー
バッグ：J&M デヴィッドソン

コットン素材でレースのあしらいがあるんですが、なぜか甘すぎないんです！
ワンピース：BeBe

白いＴシャツにデニムスカートは、
ずっと着ているスタイル。シンプルだから小物の組み合わせで遊ばせます。
Ｔシャツ：Complexgeometries
デニムスカート：カレント エリオット
バッグ：エルメス
靴：クリスチャン ルブタン

特に夏には欠かせないカットソーのアイテム。
ただのカジュアルに見えないように小物を合わせます。
Ｔシャツ：プラネットブルー、
スカート：アメリカン アパレル、
ハット：マーガレット ハウエル、バッグ：INDAH
サンダル：ジャック ロジャース

ハイゲージのカシミアのカーディガンは夏にも活躍。鮮やかな色を選んでアクセントに。
カーディガン：Ｊ CREW

ジャージー素材って着た時の落ち感がたまらなく好き。少しクールにモノトーンでまとめて。
オールインワン：Double standard clothing
バッグ：クリスチャン ルブタン
イヤリング：プラダ

少しネイティブアメリカンを感じる
小物は「はずし」の役目になります。

このトップスのヴィンテージのような感じが大好き。甘さのバランスをとってスカートは体に沿うぐらいのタイトスカートを。
トップス：TOP SHOP
スカート：バレンシアガ
ハット：マーガレット ハウエル
バッグ：コーチ
サンダル：ピエール アルディ

AUTUMN

このブルゾンはいつもあえてメンズを選んでます。
メンズテイストじゃなくて、「メンズ」を着る。
だからこそ真逆の赤い靴がぴったりはまるんです。
ブルゾン：バブア
シャツ：グリーン
パンツ：APC
バッグ：J&M デヴィッドソン
靴：クリスチャン ルブタン

クラシカルな雰囲気のあるこのニットワンピースはモノトーンでシックに。パールと靴のバランスが好き。
ワンピース：ドゥロワー
バッグ：シャネル
靴：チャーチ

洋服の雰囲気、素材感によって同じ黒でもトーンを変えます。最近は少しシアーが好き。
タイツ：左はピエール マントゥ、中・右はウォルフォード

右のコーディネートで着てます。
レースのトップスって意外と得意じゃなかったけどこれはかなり使える。繊細なレースの使い方が◎。

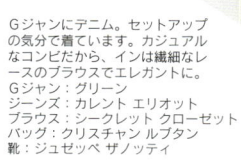

Gジャンにデニム。セットアップの気分で着ています。カジュアルなコンビだから、インは繊細なレースのブラウスでエレガントに。
Gジャン：グリーン
ジーンズ：カレント エリオット
ブラウス：シークレット クローゼット
バッグ：クリスチャン ルブタン
靴：ジュゼッペ ザノッティ

個人的にトレンチを着る時はカジュアルには着崩しません。全体的にシックで女らしくなるように。
コート：バーバリー
ハット：マーガレット ハウエル
ニット、スカート：ドゥロワー
バッグ：コーチ
靴：マノロ ブラニク

シルクジャージーのスカーフ。とろみのあるやわらかい素材が使いやすいんです。
スカーフ：エルメス

トレンチコートのボタンを全部とめた時はワンピースみたいに着ています。ジャストサイズならでは。襟とボタンの大きさが印象を残してくれます。
コート：バーバリー
バッグ：セリーヌ
靴：クリスチャン ルブタン

タックパンツやサルエルパンツはよくはきます。ブラウスやＴシャツを合わせて小物はきれいにまとめることが多いかな。
ブラウス：エキプモン
パンツ：RIE
バッグ：フェンディ
靴：マノロ ブラニク

どこかメンズを感じるアイテムが好き。モノトーンのコーディネートは色の配分が鍵に。
ジャケット：マーガレット ハウエル
Ｔシャツ：ミッシェル スターズ
靴：セリーヌ
バッグ：J&M デヴィッドソン

TOP SHOP もはずせないお店のひとつ。私にとって値段以上の価値があるものに巡り会えるんです。
Ｔシャツ：TOP SHOP

WINTER

このレザーブルゾンは、かなりタイトでかなりやわらかいんです。着心地もいいし、とにかくいろんな顔を作れる。コーディネートはあまりハードにならないようにシンプルできれいめに。
レザーブルゾン：リック オーエンス
ジーンズ：カレント エリオット
バッグ：シャネル
スカーフ：エルメス
靴：セルジオ ロッシ

ダッフルコートとチェック。私にとって永遠のコンビ。ガーリーやボーイッシュにコーディネートします。
コート：ドゥロワー
ニット：APC
ジーンズ：カレント エリオット
ストール：マッキントッシュ
靴：プラダ

右のコーディネートにこんなブーツも合わせます。ハードすぎないこの靴使えるんです。
ブーツ：ジミー チュウ

右のコーディネートにこんなストールも合わせます。
ストール：VALBISENZIO

白いフレアラインのコートはクラシカルさがあるから、モダンな絵柄を足してテイストをミックス。
コート：ドゥロワー
ストール：エルメス
バッグ：クリスチャン ルブタン
靴：セルジオ ロッシ

毛並みのきれいなコートに、レースやサルエルパンツで、フェミニンなクラシカルさと一滴のボーイッシュさを。
コート：ロエベ
ブラウス：シークレット クローゼット
パンツ：リック オーエンス
バッグ：エルメス
靴：ジュゼッペ ザノッティ

ニュアンスカラーのファーのブルゾンには、裾が大きく波打つインパクトあるスカートがマッチします。
ブルゾン：ドゥロワー
スカート：アレクサンダー ワン
バッグ、靴：クリスチャン ルブタン

黒いコートにはこの靴を合わせたい。

黒いコートの胸元からオーソドックスなパールをちらりと効かせて。

何よりも着た時のシルエットが最高。コートは「一枚で絵になる」ものならハズレはありません。
コート：ドリス ヴァン ノッテン

黒のコートの中はパンチのあるレオパードプリントで、70's な小物で仕上げます。派手なものは時代感を盛り込むと様になるんです。
ワンピース：レオナール
靴：バレンシアガ

ミッソーニに出会ってから、柄オン柄の素敵さを知りました。トーンを揃えてコーディネートします。
コート：M ミッソーニ
スカート：ミッソーニ
ニット：ドゥロワー
バッグ：アニヤ ハインドマーチ
靴：セルジオ ロッシ

The Basic

JACKET — DRESSTERIOR

素材感、仕立て、襟のデザイン、シルエットはジャケットを選ぶ時の大切なポイント。
それがバランスよく詰まったドレステリアのジャケット。
きれいめなワンピースやデニムなど、
ドレスアップからカジュアルまで幅広く着こなせます。

定番アイテム

長く手元においておきたいアイテムはシンプルで使いやすいもの。
でもそれだけじゃない。シンプルそうに見えて、必ず「その奥」があると思うんです。

V-NECK CASHMERE KNIT — JOSEPH

毎シーズン、バージョン違いで出てくるジョゼフのニットは、
カシミアを薄く編んでいるからこその華奢さがある。
まるでカットソーのようにサラッと着られて、ニット特有の着ぶくれ感がないんです。
胸元のあき具合とほどよく体に沿うシルエットが、「こなれ感」を出してくれます。

T SHIRT — JAMES PERSE

私カットソーが大好きなんです。
Tシャツのようなシンプルなアイテムは「素材感」がこだわりたいポイント。
ジェームス パースは、素材の持つ表情、シルエットと着丈のバランス、
胸元のあき具合など、リラックスだけで終わらせない計算があります。

TRENCH COAT — MACKINTOSH

マッキントッシュのコートといえばゴムびきの生地が代表的ですが、これはロロピアーナの生地を使用しています。カシミア特有のしなやかさが、コーディネート全体に「抜け」を作ってくれるんです。「トレンチコート」というデザインが持つカチッとした印象に、真逆な印象の素材感が合わさってコーディネートの幅を広げてくれます。

SKIRT — Drawer

ドゥロワーのスカートの最大の魅力は、「選びぬかれた上質な生地」。そして「デザイン」。
前からも、そして後ろ姿もパーフェクト。
とっておきのスカートを選ぶなら、
絵になる主役級のスカートを選ぶべきだと私は思うんです。

ONE-PIECE — YOKO CHAN

着てみて思ったんです。いろんな意味でとてもバランスのいいワンピースだなって。
ミニマルでそぎ落とされたデザインなのに、シャープさ、女らしさ、可愛らしさが
隠れてる。切り替えなどのちょっとしたアクセントがさりげないのに
大胆な印象を残してくれます。

SHIRT — L'Appartement DEUXIÈME CLASSE

今までどれくらい買っただろう。

永遠の定番、自分にとってそうであってほしいアイテム。シンプルなシャツが持ち合わせている無駄のない印象の中に、カシュクールとしても着られるという、ちょっとした「遊び」があるこのシャツ。襟やカフスの正統な印象に対して、少しルーズなサイズ感がとっても好き。

PANTS — theory

セオリー＝パンツというイメージが強いですが、それはそれなりの理由が
ちゃんとあるんです。様々な「きれい」を表現しているというか。
脚を長く見せる、体のラインをきれいに見せる、着こなし自体をきれいに見せる……。
常にその時代(トレンド)における「きれい」を探してくれているんです。

SHOES — Christian Louboutin

誰もが憧れる靴のひとつだと思います。私もそのうちの一人。トゥの形、ヒールのライン、足を入れた時の甲の深さ、そしてエレガントで大人の女性の遊び心を表現しているようなデザイン。履いている自分ではなく他人だけに見えるソールの「赤」。

とっても魅惑的な印象だと思いませんか。

BAG — J&M Davidson

私のまわりにも長く愛してる人が多い「MIA」は、肩や腕にかけても、手で持っても、
バランスが決まります。そんなバランスのバッグって意外と少ない。
飽きのこない形や素材だし、様々なテイストの洋服にも合わせやすく、
長く愛せるバッグなんです。

Inspiration

幼い時から想像したり、妄想したりするのが大好きでした。人、映画、洋服、風景、季節、天気……。特に、モノクロームの『ローマの休日』を観た時、実際はどんな色でどんな場所なんだろうと、想像を膨らませていたことを今でも覚えています。

だからなのか、今まで見たこともない新鮮なものに出会える旅が好き。旅先で出会った女性の流れるようなウエーブヘアーに深いグリーンの瞳が印象的だな、とか、このスタイルにこういう着こなしをするとエレガントに見えるんだ、とか。雑誌にはない「リアルに動くファッションページ」のように私には見えるんです。

それは風景やものも同じ。自然や建物の造形や色彩……。例えば空のブルーの色は行く場所によって異なるし、同じ場所でも、季節や天候、空気感、日差しの変化によっても違って見える。その差異を発見することで、今まで自分の中にあった「ブルー」の色の幅が果てしなく広がるんです。

インスピレーションを受けると、何がどうして響いたのかを自分に聞いてみる。そうやって、自分が「素敵」と思うことを明確にして、それをどうやって表現する？　って妄想してみる。もちろん、まるごと真似ができなくても、一部だったり、テンションや空気感だけでもインプットしておくんです。そういう経験がコーディネートを考えたりする時に、残像として頭に浮かんでくるから。自分の「素敵」をストックし、引き出しを広げられる旅は、いつも私のインスピレーションの源になっています。

Sedona

「青い空」はどんな色もマッチする背景。
スモーキーな色、ビビッドな色、
淡い色まで。
こんなオールマイティな色って
なかなか見つからないかも。

旅先の風景に〝映える〟のではなく、
〝なじませる〟雰囲気の
コーディネートも好き。
アースカラーの場所に
スモーキーな色を添えてみたり。

光が傾くと
空やグリーンの色が色あせてくる。
その2つがなじんだ
優しいトーンも好き。

くすみのない真っ青な空と
強い日差しに照らされて
より一層赤く映る岩とのコンビネーション。
こんなコントラストのある風景の中で
そこに添わせてもらえるような
同じトーンのビビッドなカラーの
洋服を着ていたい。

一年、一日の中で一番好きな光は
夏の終わりの夕方の光。
夕方の光の中では、
すべての色がアンバーがかって
また違うパレットになるんです。

強い日差しの中では、
“白”というニュートラルなカラーが
印象的。

鮮やかなタイルは思いもしない
色のコンビネーションがたくさん。

Grand Canyon

初めて見た雪の中のグランドキャニオン。
今まで見たことのなかった表情。
時が止まったかのようで
おとぎ話みたいな世界から
やわらかいシフォンのような
イメージを感じました。

なぜだか絨毯が好き。
柄や色の組み合わせやトーン……。
その土地によって変わる織り柄のイメージで
その場所をインプットする。

ブロンザーのような岩。
光の中で淡く映るグリーン。
初めて目にした時の
エキサイティングした気持ち、
今でも覚えてます。

Monument Valley

マカロンカラーの車や壁の色。
ただ街を歩いているだけで、
いろいろなもの達が色を教えてくれます。

意外な色のセレクト。
こんな色をこんなところに使うんだ！　とか。
そういう意外性に感覚を刺激されるんです。
「自分の普通」を視覚で覆されるというか。

San Francisco

女の子だけじゃなくって、
時には男の子からも
コーディネートのヒントが
もらえるんです。

赤と緑。
クリスマスカラーの組み合わせ。
でもちょっとしたトーンの違いで
別の印象を受けたり。

おわりに

幼い頃から洋服が大好きでした。

誕生日やお祝い事でのプレゼントはいつもお洋服。当時から、両親はただ洋服をプレゼントするのではなく、私に「選ぶ」ということをさせてくれました。忘れられないのが、小学生の時の遠足の前。両親と姉と一緒に洋服を選びに行ったんです。その時は80年代真っ只中。ベビーピンクに黒の小さいドットがついたハイネックのノースリーブカットソーに、同じくベビーピンクのバルーンスカート、それにビッグサイズのワンウォッシュのＧジャン、足元はピンクベージュのフラットシューズを選びました。Ｇジャンの襟元にはレオパード柄のフェイクファーがついていて、色違いで２種類あったんです。それをずっと交互に脱いだり着たり。たくさんお洋服の並ぶお店の中を行ったり来たりしながら選んだ気持ちは今でもはっきりと覚えています。ほんと楽しかった！　それを両親に見せてOKをもらって買ってもらう。まるで今も雑誌の撮影前にするコーディネートチェックのようでした。その時買ったお洋服は高校生になるまでずっと私のお気に入りベスト10に入っていました。振り返ってみると、洋服を選んだ当時の真剣さは、今と同じかそれ以上。こんなふうに、幼い頃から今までずっとずっと想像して考えながらお洋服と向き合ってきたみたいです。

それは、スタイリストとしてキャリアを重ねていく今でも変わらないこと。エディターの方達に毎回「どうする？」というボールを投げてもらい、それをキャッチして考える。それを更に話し合ってもんでいく。様々な人々とのコミュニケーションの積み重ねが私を育ててくれているんだなって思います。もちろんそれは撮影の現場でも同じ。エディター、フォトグラファー、ヘアーメイク、モデル、皆と感覚を交換してひとつのものを目指していく。時には、ちょっとした意見の違いも出てきます。感覚は目に見えないもの、常にピッタリと同じ意見だけではないんです。そんな時は言葉を交換したり、相手の感覚になって考えてみたり。毎回同じものには決してならず、誰と何を創るかで化学反応のように様々な形が生まれます。「楽しい」と「大変」を併せ持った撮影現場は、本当に吸収することばかり。自分とは異なったセンスや感覚を持ち合わせたプロフェッショナルな皆さんと触れ合うことで、自分が持っている感覚やセンスの幅がどんどん広がっていく最高の場所です。

そして、仕事のスタッフ以外に、私を支えてくれるかけがえのない家族。両親は今でも私がスタイリングしたページに対して、冷静に的確にアドバイスをくれるんです。良いことだけでなく、もちろん悪いことも。段々とキャリアを重ねていくうえでストレートにアドバイスしてくれる人って少なくなるから、大切に素直に受け止める気持ちは忘れずに持ち続けたいなって思います。

今でも実家に帰ると、父や母が私の身につけているものに興味を持ってくれることがあるんです。そのコート素敵だね、そのサングラスかけさせて、このバッグの色カッコいいねって。自分が身につけるわけではないのに、性別や世代を超えて共感する気持ちや感覚があることって素敵だと思うんです。そして、年の近い姉からは洋服へのリアルな言葉が聞けます。今日のワンピースより前着ていたもののほうが直子らしくていいよって言ってくれたり。それは外見やトレンドだけではなく、長く一緒にいて私のキャラクターをすべて理解したうえでのアドバイス。それが最高のアドバイスだと思うんですよね。

「想像して考えること」の楽しさとファッションの魅力を教えてくれた家族、そして、その幅広さと奥深さを教えてくれる仕事関係の方々がいるからこそ、私は何かを思い、感じて仕事ができるんだと思います。

問い合わせ先

アパルトモン ドゥーズィエム クラス 事業部（アパルトモン）：03-5459-2480

ヴァレクストラ・ジャパン（ヴァレクストラ）：03-3563-5505

エミリオ・プッチ カンパニー（エミリオ・プッチ）：03-5410-8992

株式会社 クイーポ（レベッカ テイラー）：03-3268-9115

クリスチャンルブタン ジャパン（クリスチャン ルブタン）：03-5210-3781

ケイト・スペード ジャパン（ケイト・スペード ニューヨーク）：03-5772-0326

クロエ インフォメーションデスク（クロエ）：03-4335-1750

サフィロジャパン株式会社（ボッテガ・ヴェネタ）：03-5148-7071

JIMMY CHOO：03-5413-1150

ステディ スタディ（ピエール アルディ）：03-5469-7110

スピック&スパン ノーブル コレド日本橋店（マイスエリー）：03-5205-8720

セルジオ・ロッシ カスタマーサービス（セルジオ・ロッシ）：0570-016600

TASAKI：0120-111-446

ドゥーズィエム クラス 青山店（エイム）：03-5469-8868

ドゥロワー 丸の内店：03-6214-1553

ドレステリア 神南本店：03-5457-2435

福助株式会社（ウォルフォード）：03-3797-3890

フレームワーク ルミネ新宿店（ペティオ、トリッカーズ）：03-5324-7676

Pred PR（メゾン キツネ、リック・オウエンス、T by アレキサンダーワン）：
03-5428-6484

マイケル・コース ジャパン株式会社（マイケル・コース）：03-5772-4611

マッキントッシュ ジャパン（マッキントッシュ）：03-3589-0260

八木通商（J &M デヴィッドソン）：03-3505-2604

YOKO CHAN：03-3406-1808

リンク・セオリー・ジャパン（セオリー、ティスケンス セオリー）：
03-6865-0206

※ 本書に記載されている情報は 2012 年 9 月時点のものです。

※ 記載商品については売り切れや販売終了の可能性もございますので、
予めご了承ください。

※ 著者の私物に関しては現在入手できないものもあります。
ブランドへのお問い合わせはご遠慮くださいますようお願いします。

商品クレジット

P18：トップス、ボディスーツ（ともにウォルフォード）、
パンツ（セオリー）、
バッグ（ケイト・スペード ニューヨーク）

P19：ワンピース、ベルト（ともにマイケル・コース）、
ネックレス（TASAKI）、
靴（セルジオ・ロッシ）

P20：コート、ニット、パンツ、靴〈参考商品〉
（すべてエミリオ・プッチ）、
ピアス、リング（ともに TASAKI）

P21：カーディガン（メゾン キツネ）、
シャツ、パンツ（ともにティスケンス セオリー）、
ネックレス（TASAKI）

P26：リング、ネックレス（ともに TASAKI）、
ブレスレット（エイム）、
靴（クリスチャン ルブタン）

P27：ブレスレット（マイケル・コース）、
靴（セルジオ・ロッシ）

P48：ワンピース（リック・オウエンス）

P54：ブラウス、パンツ、バッグ（すべてクロエ）、
ピアス（TASAKI）

P55：ブラウス、スカート（ともに J &M デヴィッドソン）、
バッグ（マイスエリー）、
靴（セルジオ・ロッシ）、
リング（マイケル・コース）

P56：ニット（ドゥロワー）、
スカート（ペティオ）、
タイツ（ウォルフォード）、
靴（セルジオ・ロッシ）

P57：コート（ドゥロワー）、
ニット、パンツ（ともにセオリー）、
バッグ、ネックレス、グローブ
（すべてケイト・スペード ニューヨーク）、
靴（ピエール アルディ）

P62：スカート（セオリー）、
靴（トリッカーズ）、
ストッキング（ウォルフォード）

P63：眼鏡（ボッテガ・ヴェネタ）

P64：ジャケット（ティスケンス セオリー）

P65：コート（ドゥロワー）、
バッグ（ヴァレクストラ）、
靴（セルジオ・ロッシ）

P70：ワンピース（T by アレキサンダーワン）、
靴（セオリー）

P71：トップス（レベッカ テイラー）、
靴（JIMMY CHOO）

P110：ジャケット（ドレステリア）

P113：コート（マッキントッシュ）

P114：スカート（ドゥロワー）

P115：ワンピース（YOKO CHAN）

P116：白シャツ（アパルトモン）

P117：パンツ（セオリー）

P118：靴（クリスチャン ルブタン）

P119：バッグ（J&M デヴィッドソン）

上記以外は、すべて著者の私物です。

Staff

Cover

Photographer : Satoru Kikuchi (dynamic)

Chapter 1

Photographer : Makoto Nakagawa (SIGNO)[model], Takehiro Uochi [still]
Hair&Make : Eiko Sato (nude.)
Model : Yuri Ebihara
Editor&Writer : Reiko Hasegawa
Naoko Tsuji

Chapter 2

Special Talk
Photographer : Naoko Tsuji
Writer : Yoko Yamasaki (P80-83)

One and only
Photographer : Naoko Tsuji

Today I'm wearing
Photographer : Takehiro Uochi [still], Noriko Okamoto [TSUJI]

The Basic
Photographer : Takehiro Uochi [still]

Inspiration
Photographer : Yoshiyuki Nagatomo

Art Director & Desighner : Ryoji Oya (Z&Z), Rika Nishiyama (Z&Z)

Special thanks to
Haruka Igawa
Brenda
EDa

著者紹介

辻 直子（つじ なおこ）

雑誌『BAILA』『VERY』など数多くの女性誌で活躍し、井川遥、辺見えみりなど、タレントのスタイリングも手掛ける人気スタイリスト。CMや広告でのスタイリングやブランドのディレクションなども行う。
フェミニンで品よく、女らしいコーディネートは、多くの女性から高い支持を得ている。

おしゃれの想像力
2012年11月10日　第1刷発行

GENTOSHA

著　者　辻 直子
発行者　見城 徹

発行所　株式会社 幻冬舎
〒151-0051 東京都渋谷区千駄ヶ谷4-9-7

電話　03(5411)6211(編集)
　　　03(5411)6222(営業)
　　　振替 00120-8-767643
印刷・製本所　株式会社 光邦

検印廃止

ISBN 978-4-344-02281-2　C0095
幻冬舎ホームページアドレス　http://www.gentosha.co.jp/

この本に関するご意見・ご感想をメールでお寄せいただく場合は、
comment@gentosha.co.jpまで。